Teatro

David Mamet

Teatro

Tradução de
Ana Carolina Mesquita

1ª edição

CIVILIZAÇÃO BRASILEIRA

Rio de Janeiro
2014

Copyright @ David Mamet, 2010
Copyright @ Civilização Brasileira, 2014

Título original em inglês: *Theatre*

CIP-BRASIL. CATALOGAÇÃO NA PUBLICAÇÃO
SINDICATO NACIONAL DOS EDITORES DE LIVROS, RJ

Mamet, David, 1947-
M231t   Teatro / David Mamet ; tradução Ana Carolina de Carvalho Mesquita. –
        1. ed. – Rio de Janeiro: Record, 2014.
        179 p.: il.; 21 cm.

        Tradução de: Theatre
        ISBN 978-85-200-1113-3

        1. Teatro (Literatura). I. Título.

                                        CDD: 809
14-11547   CDU: 82.09

Texto revisado segundo o Novo Acordo Ortográfico da Língua Portuguesa.

Direitos exclusivos desta tradução adquiridos pela
EDITORA CIVILIZAÇÃO BRASILEIRA
Um selo da
EDITORA JOSÉ OLYMPIO LTDA.
Rua Argentina 171 – 20921-380 – Rio de Janeiro, RJ – Tel.: 2585-2000

Seja um leitor preferencial Record.
Cadastre-se e receba informações sobre nossos lançamentos e
nossas promoções.

Atendimento e venda direta ao leitor
mdireto@record.com.br ou (21) 2585-2002

Impresso no Brasil
2014

Este livro é dedicado a Linda Kimbrough

A arena, a mesa de jogo, o círculo mágico, o templo, o palco, a tela, a quadra de tênis, o tribunal etc. são todos, em forma e função, lugares de jogo, ou seja, locais proibidos, isolados, delimitados, esvaziados, dentro dos quais imperam regras especiais. São todos eles mundos temporários dentro do mundo comum, dedicados à execução de um ato especial.

— Johan Huizinga, *Homo ludens*

SUMÁRIO

INTRODUÇÃO

Li muitos textos técnicos sobre teatro quando jovem.

A Neighborhood Playhouse entregava uma bibliografia aos alunos em 1967, e a ideia era que lêssemos os primeiros quarenta ou cinquenta títulos da lista antes do primeiro dia de aula.

Os livros, segundo me lembro, eram predominantemente russos — *Minha vida na arte* e a trilogia (*A preparação do ator*, *A construção da personagem* e *A criação de um papel*) de Stanislavski; os escritos sobre Stanislavski de Nemirovitch-Danchenko (seu parceiro no Teatro de Arte de Moscou); *Stanislavsky Directs* e *The Vakhtangov School of Stage Art*, ambos de Nikolai Gorchakov. Os livros escritos pela e sobre a segunda geração do Teatro de Arte de Moscou, os estúdios-laboratórios, completavam a lista. Além das ideias de Vakhtangov, fomos apresentados às de Meyerhold (seu rival e pretendente ao trono).

Após a geração dos estúdios (Meyerhold e Vakhtangov), o *locus* da sucessão foi transferido a seus discípulos moscovitas em Nova York e a seu trabalho. Lemos Stella

Adler, Harold Clurman, Robert Lewis (*Método ou loucura*) e assim por diante.

Devorei todo esse material. Eu era um péssimo ator e um aluno mediano de artes cênicas, mas adorava teatro e adorava teoria, e me deliciava em traçar a veia do pensamento moscovita por meio de sua sucessão apostólica.

Pois tal sucessão se estendia até mim.

O diretor da minha escola, meu professor, era Sanford Meisner, rebento do Group Theatre. Pertenceu à mesma linhagem dos Adler e de Morris Carnovsky, Lee Strasberg, Harold Clurman e todo o grupo de tecnófilos.

(Clurman e Stella Adler haviam feito uma peregrinação a Paris nos anos 1930 para conhecer Stanislavski e receberam dele a bênção. Não era eu aluno de seu colega? Sim, era. E tenho orgulho de haver conhecido e estudado com o sr. Meisner e socializado com Harold Clurman, Stella Adler e Bobby Lewis.)

Eu admirava suas conquistas e debruçava-me sobre seus livros; mas, retrospectiva, não tinha (e não tenho) muita ideia do que eles estavam falando.

Harold Clurman, que com uns 80 anos levou minha mulher ao teatro, é exceção. No meio do primeiro ato, ela sentiu a mão dele em seu joelho e deslizando até sua saia. "Harold, *por favor*", disse ela. "O que está *fazendo*?" Ao que ele retrucou: "Venho ao teatro para me divertir."

Bom, eu também, assim como todo mundo; e esse é o único motivo pelo qual vamos ou deveríamos ir ao teatro.

Não deveríamos ir, quer como gente do meio, quer como público, para praticar ou compartilhar uma "téc-

nica". Não existe "ator stanislavskiano" nem "ator meis-
neriano" nem "ator do Método" nem nada do gênero.
Existem atores (de capacidades diferentes) e não atores.

O trabalho de um ator é executar a peça de forma tal
que sua atuação seja mais agradável (para a audiência)
do que a mera leitura do texto.

Similarmente, o trabalho dos figurinistas, cenógrafos
e iluminadores é aumentar o desfrute da peça pelo público, para que seja maior do que se a encenação tivesse
sido realizada com roupas do dia a dia, em um palco
vazio sob luzes de trabalho.

Trata-se de uma tarefa realmente muito difícil; a
maioria das peças é mais bem desfrutada em tais circunstâncias, como qualquer um que já assistiu a um
grande ensaio em uma sala de ensaios pode comprovar.

Por que esse ótimo ensaio é melhor do que a grande
maioria das produções elaboradas? Porque permite que
o público utilize a imaginação, que é, antes de mais nada,
o propósito em si de ir ao teatro.

É preciso um verdadeiro artista para aumentar o
desfrute da audiência para além daquele que ela teria
assistindo à peça em um palco nu; a primeira regra do
cenógrafo, assim como a do médico, é não causar danos.
E, tal como no caso do médico, essa regra costuma ser
bastante desrespeitada.

E o que dizer do diretor?

Os atores sozinhos geralmente encenariam a peça
melhor do que ela poderia ser encenada por praticamente
qualquer diretor, com poucas exceções.

Por quê?

Os atores nunca se esquecem do que a maioria dos diretores jamais entende: que o propósito da encenação é atrair a atenção do público para a pessoa que fala.

Cada ator de uma peça sem diretor insistirá (por seus próprios motivos) em ser visto, ouvido e racionalmente destacado naquela seção da peça na qual o dramaturgo indicou que ele deveria ser o centro das atenções.

Além disso, os atores, achando (como deveriam) que as partes mais interessantes da peça são aquelas em que eles se destacam, irão em comitê votar para *dar andamento* à peça e portanto fazê-la seguir seu curso.* E isso é tudo o que importa para o público.

A tarefa do bom diretor, portanto, é concentrar a atenção do público por meio da movimentação dos atores e do ritmo e andamento da encenação.

E pronto. Ator, cenógrafo/figurinista/iluminador, diretor. Em ordem de importância, o trabalho deles é levar a peça ao público. Qualquer técnica verdadeira, assim, consistiria (e consiste unicamente) em aplicar de modo costumeiro as ideias que ajudariam a realizar tal façanha.

"Mas", poderia argumentar o leitor observador, "acaso o Teatro de Arte de Moscou, seus estúdios-laboratórios, o Group etc., acaso todos eles não produziam bons e até

---

*Se pensarmos nisso, o desejo do ator de chegar à parte em que *ele* fala e o desejo do personagem de fazer a mesma coisa são indistinguíveis para o público — se dissermos, como direi mais adiante, que não existe personagem, então essas duas necessidades não são meramente indistinguíveis, mas sim idênticas.

mesmo ótimos trabalhos? E acaso o próprio autor muitas vezes não ofereceu tratados teóricos ao mundo?" Isso tudo é verdade; e sugiro que esses tratados e teorias sejam aceitos não como manuais de instrução, mas uma expressão de amor (que de outra forma não seria possível catequizar) por um mistério em eterna expansão — e é com esse espírito que ofereço os ensaios a seguir.

O CAMARIM

O camarim é a sala de estar entre o palco e a rua. Ao entrar nos bastidores, primeiro entra-se no camarim. Ouvi, ao longo dos anos, diversas explicações para a origem do termo em inglês (*greenroom*), tais como a sala original ter sido pintada de verde ou construída por um homem chamado Green. Nenhuma delas é convincente.

Os romances do início do século XIX se referem à existência de um *greenroom* nas casas de campo. Por esse termo indicam um espaço de transição conhecido na Nova Inglaterra como *mudroom*. Este *mudroom* nas antigas casas de fazenda (incluindo a minha) permitia que o fazendeiro, caçador, homem que gosta de viver ao ar livre, se despisse dos equipamentos necessários no trato com a terra, mas inadequados dentro da casa. O meu, em Vermont, era aborrotado, dependendo da estação, de varas de pesca, sapatos para andar na neve, botas enlameadas, armas de fogo, arcos, esquis, patins, pá de neve e marreta. As paredes continham ganchos com todo tipo de casacos e bonés, e no chão havia um secador repleto de luvas, perneiras e suéteres.

Em Vermont, o *mudroom*; na Inglaterra, o *greenroom*, onde a pessoa se livrava da grama, da areia e do verde do campo. No campo, o *greenroom* era o local entre a fazenda e a casa; no teatro, ele se situa entre o sagrado e o profano.

Muitas das observações e sugestões deste livro poderiam ser consideradas heréticas.

Isso, claro, se o teatro fosse uma religião. Contudo, muito embora suas origens estejam relacionadas à religião, o teatro enquanto arte é uma profissão e, em sua vertente show business, uma espécie de algazarra.

Este livro é uma compilação e uma destilação dos pensamentos e práticas que utilizei nos meus quarenta anos de teatro profissional. São as regras em que me baseio como artista e com as quais fui capaz de ganhar a vida.

Diante de uma decisão médica difícil, ficamos bastante confortados quando o médico endossa uma de nossas escolhas dizendo: "É o que eu faria se fosse o *meu próprio* filho."

De modo similar, as ideias aqui contidas são aquelas que eu contaria (e conto) aos meus próprios filhos e alunos. Testarei com alegria a funcionalidade e a praticabilidade delas para qualquer indivíduo, caso ele esteja disposto a colocar à prova, na prática, sua filosofia particular.

E tal prova consistiria em quê? Na capacidade de motivar um ator a executar uma ação de modo simples e desprendido; de envolver o público; e, em um nível de alguma forma mais abstrato, de comunicar uma direção ou uma visão literária aos profissionais das artes (cenografia, iluminação, figurino) que trabalharão no espetáculo.

Por fim, o sugeri e descrevo uma maneira de *pensar* sobre o teatro (análise) e de *comunicar* as conclusões subsequentes utilizando linguagem e vocabulário (direção).

Qualquer teoria que não possa ser colocada em prática é um impedimento tanto à arte quanto ao sustento, e não beneficia ninguém a não ser os intelectuais para quem o pensamento teatral é um exercício abstrato e desfrutável. Porém, a razão de ser do teatro é deleitar o *público*, e, segundo a minha experiência, para fazer isso o praticante precisa aprender a ter disciplina.

Trata-se primariamente de uma disciplina de *pensamento* e de *fala*. Seu princípio fundamental é jamais considerar ou sugerir algo que seja impossível de realizar.

Quando jovem aluno, abominava as instruções e as orientações de direção que eram impossíveis de ser colocadas em prática. Ainda as abomino. Elas clamam por um conluio entre o aluno e o professor-diretor: "Vou fingir me aproximar do que acho que você quer, se você não me criticar."

O teatro não necessita de mais professores nem de mais diretores; precisa de mais dramaturgos e atores, e ambos vêm do mesmo perfil: aqueles que se veem afrontados, perplexos, fascinados ou entristecidos pela infinita variedade de interações humanas, que sempre parecem ser tão promissoras e em geral terminam tão mal.

Eles estão interessados na verdade, e amam atuar e escrever.

Aqui seguem certos pensamentos sobre essa gente e sobre o público que anseia por suas produções.

O CAÇADOR E A CAÇA

A caça não desaparece pelo excesso do ato de caçar, e sim devido à destruição do hábitat. São necessários 260 quilômetros quadrados para garantir o sustento de um urso-pardo e centenas de hectares para manter uma manada de veados.

No teatro, o hábitat onde o artista floresce é o público.

Em 1967, quando eu estava na escola de teatro em Nova York, havia 72 peças novas na Broadway. Em 2009, elas eram 43, das quais metade reencenações.

Por que essa diminuição? O hábitat desapareceu. O público, isto é, a classe média, sumiu.

Ela era o árbitro do teatro americano, que só atingiria os confins do país via Broadway, e as peças da Broadway fracassariam ou teriam êxito dependendo de seu apelo junto à classe média. Alguém poderia argumentar que os verdadeiros árbitros eram os críticos, mas isso só colocaria a resposta certa numa posição indireta, pois os críticos naquela época (assim como hoje) serviam, quer soubessem, quer não, ao bel-prazer dos anunciantes dos jornais, ou seja, dos consumidores; isto é, público.

Esse público da Broadway, que sustentava as peças de O'Neill, Odets, Saroyan, Wilder, Miller e Williams, era formado por pessoas cultas, ou no mínimo letradas, de classe média — em sua grande maioria, judeus. Elas apreciavam o debate e as peças que o ensejavam, pois a maioria das pessoas de sua comunidade assistia a elas.

Não mais. Hoje o público da Broadway é formado predominantemente por turistas e ricaços de férias que, em geral, são os únicos capazes de bancar a vida em Nova York. Podem ser apenas turistas assumidos ou aquele gênero que na minha juventude os habitantes do interior de Vermont chamavam de "veranistas de ano inteiro", ou seja, pessoas que não participam totalmente da comunidade, pois não dependem das outras pessoas.

Os atuais nova-iorquinos não participam da vida cotidiana do lugar onde estão domiciliados, ou se o fazem é em um nível muito inferior ao dos antigos membros da classe média de Nova York. Como não participam, não ocorre a interação comunal que dá origem tanto à audiência quanto aos dramaturgos. Escrevi uma peça ano passado e perguntei ao meu produtor nova-iorquino se ele achava que talvez ela rendesse melhor no circuito off-Broadway em vez de na Broadway, ao que ele me deu um sorriso melancólico e explicou: "*Não existe off-Broadway*" — e mais, não existe há vinte anos.

Existe apenas a Broadway. Há menos teatros. Só nos últimos cinco anos mais de 25% dos teatros da off-off-Broadway fecharam, a maioria em Midtown e no West Village.

O valor dos imóveis em Midtown inflacionou o dos aluguéis dos teatros da Broadway, e, para que uma peça recupere seus investimentos, precisa se apresentar com o teatro lotado durante 15 semanas. Ou seja: precisa lotar 1.200 lugares vendidos ao preço médio de US$ 80 cada um.

Para quem, então, essa peça precisa ter apelo? Para um investidor racional arriscar cerca de US$ 11 milhões em sua produção, ela precisa ter grandes chances de agradar ao turista.

O turista não se lembra da peça e dos atores do ano passado, não vai assistir ao trabalho novo de um diretor, de um dramaturgo, de um cenógrafo, de um ilumina-dor, de um figurinista. Ele vai assistir a um *espetáculo*, que não vai provocar nem perturbar, e cujo valor não pode ser questionado. Ele não vai com a curiosidade do frequentador de teatro local, mas sim com o desejo de se divertir, da mesma maneira como ele vai a um par-que de diversões — em primeiro lugar pela emoção da experiência e, depois, e talvez mais importante, para ter a oportunidade de *relatar o fato de haver experimentado* essa emoção específica, negada aos que ficaram em casa. Ele quer se vangloriar de ter visto a estrela X ou Y. O tu-rista vai ao teatro mais ou menos com o mesmo espírito que eu fui ver as *Joias da Coroa* em Londres.

Nenhum londrino adulto vai ver as *Joias da Coroa*, assim como nenhum nova-iorquino adulto foi ver *Mam-ma Mia!*, pois isso seria culturalmente repugnante e o classificaria como turista ou bobalhão.

Nova York, com a ascensão dos preços dos imóveis e o desaparecimento das fábricas, dos negócios e, portanto, da classe média, tornou-se uma New York Land.

E os críticos?

Os leitores do *New York Times* são os abastados, na realidade os *rentistas*, ou seja, aqueles que chegaram aonde queriam, e nosso jornal mais famoso, sem uma clientela de conhecedores do teatro, tornou-se um ardoroso defensor do discutível, apelando para as pretensões intelectuais de seus leitores.

O jornal, na verdade é um censor cultural, escreve (não direi "alcovita") para o intelectualmente pretensioso — "Você precisa vivenciar o *significado* desta peça" — ao mesmo tempo que também incita o visitante: "Emoções, arrepios e um cenário explosivo. MATE para obter um ingresso!!!"

O sucesso comercial de qualquer nova peça depende de sua recepção em Nova York. Se a peça não for encenada em Nova York, não será publicada nem despertará o interesse dos teatros de repertório ou dos teatros amadores, com os quais um dramaturgo poderia obter renda numa base constante. Se a peça não for bem recebida em Nova York, renderá de modo semelhante noutros lugares. E estas são as notícias de Lake Wobegon:* o hábitat desapareceu.

---

*Lake Wobegon, cidade fictícia do estado de Minnesota, onde o comediante Garrison Keillor diz ter passado a infância. Keillor narra as *News from Lake Wobegon* (Notícias de Lake Wobegon) no cômico programa de rádio *A Prairie Home Companion* e diz que em Lake Wobegon "todas as mulheres são fortes; todos os homens, bonitões e todas as crianças, acima da média". O chamado "efeito Lake Wobegon", a tendência a superestimar suas próprias capacidades, vem daí. (*N. da T.*)

Ora, o desejo pelo drama não desapareceu, e podemos satisfazê-lo por meio de diversos novos lugares — eletrônicos ou, como sempre, regionais e improvisados. Embora haja muito menos chances de tais esforços locais migrarem para Gotham e daí para o mundo, existe a possibilidade crescente de que encontrem um público mais amplo na internet. E por aí vamos.*

---

* Seria tão sem sentido hoje chorar o desaparecimento dos palcos de Nova York quanto a geração passada lamentar o fim das radionovelas. Os jovens de hoje terão seus próprios "bons e velhos tempos".

INSTINTOS DE CAÇADOR

O homem jamais é tão feliz quanto ao sair para caçar.

— José Ortega y Gasset

O homem é um predador. Sabemos disso porque nossos olhos se situam na parte frontal da cabeça. A mesma conclusão pode ser obtida lendo os jornais.

Como predadores, ao fim do dia nos reunimos ao redor da fogueira com as histórias da caçada.

Essas histórias, tal como a caçada em si, apelam para o nosso mais primitivo instinto de perseguição.* O herói da história está perseguindo seu objetivo — o esconderijo do veado, ou a causa da praga em Tebas, ou a questão da castidade de Desdêmona, ou a localização de Godot.

Na história de caçador, o público se coloca na mesma posição do protagonista. Conta-se ao espectador qual é o objetivo do herói e, como este, ele se esforça para determinar a melhor coisa a fazer em seguida — o espectador se pergunta o que acontecerá logo depois.

---

*É por isso que nossos olhos ficam na frente — para ajudar na perseguição. Os olhos das presas localizam-se nas laterais da cabeça, para que elas fiquem atentas aos predadores.

Como ele poderá determinar o melhor curso de ação para alcançar o objetivo? Por meio da observação. O espectador observa o comportamento do herói e de seus antagonistas e adivinha o que vai acontecer em seguida. Esta é a essência da história ao redor da fogueira: "Vocês jamais vão adivinhar o que aconteceu depois..."

Neste prognóstico, nós nos valemos da mesma região cerebral que utilizamos na caça: a capacidade de simultaneamente processar informações e agir segundo tais informações, sem sujeitar esse processo à análise verbal (consciente).

Este é o aparente paradoxo da dramaturgia. Ela não é, como talvez pareça ser, a comunicação de ideias, mas sim a instigação dos instintos de caçador no público. Esses instintos precedem e, nos momentos de estresse, suplantam o verbal; são espontâneos e mais poderosos do que a assimilação de uma ideia.

A mera apresentação de uma ideia chama-se palestra. Uma palestra induz no ouvinte aquele estado ruminativo necessário para a comparação e a avaliação das ideias. Este é o estado costumeiro do ser civilizado — o amortecimento dos instintos predatórios a fim de permitir a cooperação comunitária.

Tudo isso é muito bom, mas não é o material do drama, que, ao satisfazer uma necessidade mais básica — o exercício de nossos instintos mais primitivos —, tem o poder não só de agradar, mas também de, curiosamente, unir. Pois o público, quando se emociona, o faz em um nível pré-verbal. Não se envolve no compartilhamento

das *ideias* do drama, ele vivencia a emoção da caça comunal. Tal suspensão da faculdade analítica também é
vivenciada na cópula (no seu aspecto da paixão), no jogo,
no combate, nos esportes.

Quando emergimos do drama, retomamos nossas
pretensões intelectuais e atribuímos o prazer que sentimos à nossa capacidade de apreciar os temas e as ideias
envolventes da peça. Isso (assim como a eleição social
do crítico de jornal como censor) é uma tentativa de
retomar a nossa autonomia.

Porém, na verdade, não ficamos emocionados pelas
ideias das peças, nem mesmo, primariamente, pela presença da poesia. Gostamos de peças traduzidas, mas o
que sabemos do russo de Tchekhov? E discutimos há
quatrocentos anos o "significado" de *Hamlet*.

Certamente uma peça, sendo não apenas uma celebração da caçada, mas uma caçada em si, se beneficiará
do gênio poético de um autor — Shakespeare foi o maior
poeta da língua inglesa. Contudo, o segundo maior foi
Yeats, e ele não conseguiu escrever nenhuma peça para
salvar sua alma. A poesia é insuficiente; a beleza da
linguagem em si (ver novamente o caso de Tchekhov
traduzido) não é essencial. O que é essencial? A trama.

O amor do crítico e do acadêmico pelas peças sociais
revela um entendimento equivocado do drama. É o
equívoco do homem civilizado, ou seja, uma avaliação
equivocada do poder da razão. "Estamos todos juntos
aqui neste teatro; portanto, vamos usar nosso tempo com

sabedoria e ouvir uma palestra cujo significado pode ser guardado e, assim, levado para casa conosco".

A palestra, porém, não tem nenhum poder de unir. Pois mais que abençoemos a proclamação correta da verdade aparente, nós, o público, não vivenciamos nenhuma experiência juntos. Nós, o público, estávamos apenas presos em uma palestra.

O drama, porém, consiste essencialmente em pessoas presas em um elevador.

Aqueles de nós que passaram por uma situação extrema semelhante recordam com prazer dessa experiência pelo resto da vida. Pois, por mais difícil e inconveniente que ela tenha sido na época, lembram-se da unidade dessa empreitada com um e valorizam a cessação de suas preocupações mundanas. Foi libertador vivenciar que poderiam colocar de lado as tão prementes atividades do dia e descobrir que o mundo seguiria seu curso mesmo assim, enquanto sua nova e pequena tribo buscava uma solução para o problema comum.

As horas no elevador, no teatro, constituem a caçada coletiva por uma solução. Como tal, essas experiências são indeléveis, pois envolvem não apenas a consciência, mas uma ordem diferente e uma região mais eficaz do cérebro.

O soldado, o jogador, o lutador só precisam que lhes mostrem algo uma única vez. Não precisam ser convencidos por meio da explicação. Se confrontados com algo que poderá lhes custar ou salvar a vida, eles se lembrarão dela. As ondas de seus cérebros se modificam, pois suas vidas dependem disso. Nessa circunstância, eles são o animal-predador.

Porém, a passividade durante a palestra e a peça social é a reação do animal-presa. Sente-se aí quietinho e escute enquanto lhe dizem algo que você já sabe e pelo qual você será cobrado. Não tema, pois nada vai empolgá-lo.

Por outro lado, para de fato apreciar o teatro, utilizamos uma região diferente do cérebro. Nós, gente civilizada, a utilizamos raramente, mas adoramos exercitá-la. Basta ir ao teatro e sentir o público encantado pela peça. Dá para sentir isso dos bastidores e de olhos fechados: ocorre uma mudança fisiológica graças ao envolvimento de toda a comunidade na caçada.*

A estimulação do instinto de caçador é a responsável pelo prazer especial que sentimos com o teatro. (O contador de histórias ao redor da fogueira estimula nossa participação vicária ao relatar como escapou por um triz do urso, mas o espectador não se vê em risco de sofrer nenhum ferimento verdadeiro.)

É preciso notar que a suspensão da descrença não significa aceitar o implausível, mas sim suspender o processo racional de intelectualização, ou seja, suspender a comparação do fenômeno com o conceito, que é um processo lento demais para servir de alguma coisa durante a caçada.

---

*Compare com o cassino. Ele vai preservar (isto é, ficar com) 18% de cada dólar apostado. É, portanto, desarrazoado supor outra coisa a não ser que o jogador vai perder 18% de suas apostas. Mas é gostoso desafiar as Moiras: isso constitui a própria essência das apostas de cassino, e é por essa experiência que o jogador paga. Observe também que vemos a maioria dos casamentos terminarem em amargura e, entretanto, quando apaixonados, é impossível achar outra coisa a não ser que nosso relacionamento específico será uma exceção. Mesmo conhecendo as "probabilidades", apaixonar-se continua sendo agradável, na medida em que é, de fato, um presente dos deuses.

A suspensão da descrença melhor se caracteriza uma suspensão da racionalidade. E, como tal, podemos vê-la essencialmente um ato religioso — uma submissão diante dos deuses ou das Moiras e uma confissão de que nossa tão prezada razão, e, portanto, nossa humanidade, é fundamentalmente imperfeita e que somos pecadores, divididos entre o bem e o mal, entre a consciência e a paixão, iludidos na avaliação que fazemos de nossos próprios poderes.

Nessa caçada, nossa autoconfiança por fim se revela como arrogância, nossa razão como tolice e, ao sermos rebaixados, somos purificados — assim como no confessionário, ou no Yom Kippur, ou em qualquer perdão verdadeiro.

Esta é a história da caçada, a história da guerra, a história ao redor da fogueira. Ela é sempre uma confissão da impotência do homem diante das intenções dos deuses — falhamos com as tarefas mais fáceis e obtemos êxito nas empreitadas mais impossíveis, de acordo com a vontade das Moiras.

Como predadores, compreendemos toda a nossa vida e cada mínima seção dela (o dia, a semana, a juventude, a maturidade, o envelhecimento, o novo emprego) como uma caçada.

Caçamos segurança, fama, felicidade, compensação etc. A psiquiatria é uma tentativa de trazer a natureza da caçada à mente consciente e, assim, racionalizar de trás para a frente as necessidades subjacentes do sofredor — trazer à consciência as suposições e os objetivos inconscientes cujas incompatibilidades com a possibilidade estão tornando o analisando infeliz.

O drama não é uma tentativa da parte do dramaturgo de esclarecer, mas sim de apresentar, em sua forma não filtrada e perturbadora, a caçada do indivíduo (o protagonista); de tal forma que, em sua forma perfeita (a tragédia), o fim da peça revele a tolice das suposições do herói (e, assim, do público) a respeito do mundo e de si mesmo.

O POSTE DE LUZ E A ALAMEDA

Um policial está fazendo sua ronda certa noite. Ele descobre um bêbado, rastejando perto de um poste de luz.

— O que você está fazendo? — pergunta o policial.

— Estou procurando as chaves do meu carro — diz o bêbado. — Eu as perdi na alameda.

— Se você as perdeu na alameda — diz o policial —, então por que está procurando por elas *aqui*?

O bêbado responde:

— Porque aqui a luz é melhor.

É fácil escrever peças sociais, pois é fácil incitar a indignação das pessoas. As últimas eleições nacionais viram o país literalmente com rancor se dividir em dois, a direita achando que a esquerda é tola e a esquerda acreditando que na direita só existem monstros.

Sendo membros de uma democracia, não apenas "nos importamos" como também apreciamos nosso direito de "nos importar". Não existe falta de coisas com as quais se importar: meio ambiente, raça, pobreza, religião, aborto, homossexualidade, casamento, doenças, governo e assim por diante. Que maravilha.

O teatro se tornou amplamente político ao longo da minha vida. Onde certa vez havia os "dramalhões" — peças com estrutura de matinê que apresentavam mulheres abandonadas, grávidas, deixadas pelos filhos ou pelo marido e assim por diante; reminiscentes do romance de sensação vitoriano —, nos anos 1960, começamos a ver a remodelação deste amor pelo melodrama por meio da questão política, dando ao público não apenas o prazer de um belo choro, mas também tapinhas nas costas por saber que as pessoas do grupo X também são gente.

Certo. O vilão sempre tinha o bigode encerado, ou posturas sociais que sumiram de todos os lugares de nosso país exceto o palco. Velho Estilo:

— Você precisa pagar o aluguel.

— *Não posso* pagar o aluguel.

Novo Estilo:

— Sua mulher fraca e inaceitável, homossexual, afro-americana, dê o fora, não quero você aqui.

— Mas... Será que ninguém vê que *também* somos gente...?

Mesma coisa.

É fácil escrever essa peça, pois o curso dos eventos é conhecido e pode-se simplesmente pintar os espaços de acordo com o desenho preestabelecido. (Alguém aí se lembra do fenômeno de pintar os desenhos segundo os números, tão comum nos anos 1950? Isso ainda existe? Numa tela pré-desenhada os sombreados de cada seção eram numerados e os números correspondiam aos números dos tubos de tinta incluídos no cenário.)

A luz, porém, *não é* melhor na alameda.

E a alameda é a alma humana, escura, escondida e proibida.

A luz não é melhor ali. Nessa alameda não existe luz, e enveredar-se por ela, para o dramaturgo ou ator, pode ser perturbador, revoltante e amedrontador. Pois é lá que vive o monstro do nosso ser, é lá que podemos nos deparar não apenas com a falsidade de nossa personalidade construída como também com a verdade de nossas percepções febrilmente suprimidas.

A alameda escura situa-se além do racional e, portanto, além do consciente. Encarar as noções que existem nelas, cogitá-las, é perigoso. Pois como podemos avaliá-las? Serão elas os pensamentos da loucura? Serão elas aceitáveis para o público? Serão elas aceitáveis para o artista? Elas podem não estar enquadradas em uma tabela de valores já existente e aceita.

Nisso a jornada pela alameda mais uma vez difere da peça social, pois ao escrever uma peça sugerindo que as pessoas X são gente também, pode-se prever ou predizer no mínimo certo grau de aceitação — se não da peça, pelo menos do conceito. Mas como entender o fato de que Nora sai de casa; ou que Estragão e Vladimir são deixados, ao final da peça, no mesmo estado em que se encontravam no início; ou o que pensar da mãe em *Dúvida*, que implora para que a freira permita que seu filho tenha um relacionamento homossexual com o professor?

É escuro na alameda porque removemos a luz das coisas que muito preferiríamos não examinar. Porém o desejo de examiná-las, de trazê-las à luz, de conformar os pensamentos disformes numa apresentação lógica, é o desejo da criação artística. E o mecanismo de repressão, do mesmo modo que escurece a alameda, também ilumina o desprezível. Basta ver toda a poesia moderna em nossas revistas contemporâneas. Eu sugiro o seguinte teste: cite uma linha. É impossível.

E, no entanto, é possível citar boa parte de Yeats ou de Shakespeare, mesmo tendo-os lido uma única vez e há muito tempo.

Quem é o "bêbado"? Ele é eu e é você. Está em um estado alterado, para o qual se dirigiu por sua própria vontade. Este é o significado da embriaguez. O bêbado se embebedou quando sua razão lhe falhou. Ele *confronta* o mecanismo repressor, o seu verdadeiro antagonista. O mecanismo repressor é, logicamente, o policial, que, em seu estado ébrio, o bêbado confunde com alguém prestativo, e de quem o policial pede e obtém a verdade. A anedota parece dizer respeito ao bêbado e às chaves — porém o *drama* diz respeito ao bêbado e ao policial. Uma piada e tanto.

O PARAFUSO FATAL

Os primeiros pilotos sabiam que um parafuso era fatal, pois nenhum piloto jamais havia sobrevivido a um parafuso.

Porém, com o aumento do uso de paraquedas, o piloto que abandonava o avião ejetando-se de paraquedas frequentemente via o avião não tripulado endireitar seu prumo — ou seja, o avião se autocorrigia e saía do parafuso —, o que levou a comunidade aeronáutica a deduzir que o parafuso era algo a que se podia sobreviver, caso o piloto aprendesse com as reações naturais do avião. Não era o avião que causava o parafuso, e sim o *piloto*.

Fora aceito como sacramento que um parafuso tratava-se de algo impossível de ser corrigido, e qualquer investigação sobre a questão passou a não ser bem recebida. Porém, a verdadeira e simples resposta residia na suposição contrária.

Se considerarmos que todas as peças necessitam de um diretor intelectual e um cenário elaborado, estaremos cegos para a verdadeira engrenagem da transação teatral.

Se considerarmos o contrário, que a peça e os atores são capazes de se "autopilotar", e observarmos essa interação com o público, poderemos aprender algo a respeito de como o mecanismo (a peça e a troca teatral) realmente opera. Vamos supor que nós não fizéssemos a menor ideia, e que, com um impulso teatral no coração, nós, os exibidos, os palhaços da turma, os espertinhos, e por aí afora, eu e você em suma, abandonássemos o avião. O avião seguiria voando. Vemos peças sem diretor autodirigidas por grupos de amadores, de teatro de repertório, de escola, de fundo de quintal, saindo-se bem. Que utilidade, então, teriam os teatrólogos, seja lá o que eles fazem: os diretores, os professores, os intérpretes e os intelectuais que desejam — por meio da manipulação do cenário, das luzes ou do texto — inculcar "significado" àquilo que, eles querem nos fazer acreditar, não teria nenhum significado antes de seus embustes? Pouca ou nenhuma utilidade. A peça se autopilotaria.

Todos nós já dissemos: "Eu assisti a essa peça na Broadway e assisti à produção no Elks local, e, quer saber, a montagem do Elks era melhor!" O que isso significa? Que gostamos da peça *e também* que ficamos satisfeitos por não termos sido enganados por um punhado de ideólogos que clamava estar puxando a carroça quando na verdade estava apenas pavoneando-se com um bastão à frente.

Todos nós encenamos peças.

A sedução, o pedido de casamento, a proposta, a briga de família, a resignação, o pedido de aumento — tudo isso são dramas, com protagonistas (nós mesmos) e antagonistas (o outro). Contêm inícios, términos, cenários, e se baseiam no nosso amor pela comédia e pela tragédia, pelo grandioso, frequentemente mal compreendido, mas não menos nobre, drama de nossas grandiosas e trágicas vidas.

Do que precisamos para colocar isso tudo num palco? De um texto e alguns atores.

O sucesso atrairá diretores, produtores, críticos, dramaturgos, professores etc.? Mas é claro. A Califórnia em 1849 atraía os caçadores de ouro. Porém devemos observar que aqueles que vinham para cá estavam em busca do ouro: não fingiam (como nossos contemporâneos listados antes) ser alquimistas.

O PROBLEMA DO "TREINAMENTO" OU "ESCRAVOS DO DEUS FORMIGA, THROOG"

A maioria dos exercícios destinados a ensinar alguém a atuar era proveniente de uma devoção ao assim chamado Método.

Os ensinamentos pedantes de Stanislavski — isto é, sua trilogia — são, para um trabalhador do teatro, incompreensíveis. Seus textos não teóricos, por outro lado, tais como *Minha vida na arte*, bem como as obras a respeito dele, como *Stanislavsky Directs*, de Gorchakov, são bastante iluminadores.

Stanislavski, assim como muitos de nós filósofos, foi impedido pela natureza de perseguir seu primeiro amor, a ação. Ou, no caso dele, a interpretação. Sim, sabemos que ele atuava, mas as fotos que o registram fazendo isso evidenciam, para o entendedor, algo bem diferente de um astro dos palcos.

Tal como muitos outros (eu inclusive), Stanislavski apanhou seu amor pelos palcos e sua incompetência neles e transformou de modo positivo essa imperfeição (a visão teórica) que constituía um impedimento para ele enquanto ator, colocando-o em seu lugar de direito — o de diretor. Até aí, tudo bem. Ele conseguia enxergar a peça como um todo e tentava comunicar sua visão para o elenco.

Então, no entanto, ele tentou mais uma vez abstrair suas compreensões específicas (fique aqui; fale assim) e expandi-las em postulados universais. Trata-se das divagações de um teórico sobre um processo que é inteiramente físico e, vamos revelar, quase inteiramente intuitivo. Além de dizer a um ator para conservar determinado jeito de falar e determinada postura, ficar parado, dizer o texto, não ficar se remexendo sem motivo e ter uma ideia geral da natureza da cena, não há nada que um professor e pouco que um diretor possam fazer. O professor de atores é, além disso, o público, que vai ministrar suas aulas rápida, incontrovertida e abruptamente; os inclinados vão aprender, os outros talvez tenham de buscar trabalho noutro lugar.

O ator passa descansando (como deveria) a parte de seu dia em que não atua. Ele pode chamar esse descanso de diversão, leitura de roteiros e textos, reflexão sobre seu papel ou qualquer outro nome; mas o verdadeiro ator, para atuar livremente e sem reservas no palco durante duas ou quatro horas por dia, precisa deixar a mente limpa e o corpo descansado no restante delas.

Não é o caso do diretor. Portanto o moinho de sua mente, girando, girando, girando, pode se voltar e em geral se volta para a teoria, e, portanto, para a instrução. Mas há pouco, na verdade, para ele instruir.

Sobre o que é a peça, sobre o que é a cena, fique aí, vá até o sofá em tal palavra, não ande durante a risada desse outro camarada, as cortinas azuis em vez das vermelhas — pronto, é mais ou menos esse o limite do verdadeiro trabalho do diretor.

Quanto ao restante, ele está apenas se iludindo. Pois, como o avião em um parafuso, se o piloto sai da frente, a coisa se endireita sozinha.

O verdadeiro talento e trabalho do ator é habitar — seja lá o que isso possa significar para ele — o papel. Ficar parado e dar as falas, a fim de alcançar algo semelhante ao propósito indicado pelo autor.

E ponto.

Um bom ensaio sempre termina com um clima de dever cumprido, com os atores empolgados e não exaustos.

Dessa maneira, eles associam a cena, a frase, a peça, à realização e são gentilmente lembrados, pelo bom diretor, da verdade; e essa verdade é que eles entendem a peça (eles a entenderam desde que a leram) e que não precisam se exaurir tentando emprestar certa "intelectualização", "cor" ou "emoção" à cena, que eles em si já são suficientes, que eles são atores.

O ensaio da cena, da frase, do ato, da peça, deve terminar com os atores contentes e confiantes. Mas a maioria dos assim chamados treinamentos termina com os alunos desapontados.

Nunca vi ninguém realizando *de verdade* o Jogo da Repetição. Para quem não sabe, esse jogo pede que um aluno comente algum aspecto do papel ou conduta de outro aluno — "Você parece descansado" — e que o outro aluno repita essa frase "a partir de seu próprio ponto de vista" até que "algo aconteça e o faça mudar".

Ora, eu aprendi as regras com Sanford Meisner, que era meu professor, e quem, acho, inventou esse jogo.

Seu objetivo era instilar no aluno a compreensão de que as palavras não eram importantes, que as palavras eram da responsabilidade do autor e que o ator só precisava tratá-las como se fossem lixo e reagir prontamente *ao outro ator*.

Um objetivo grandioso — e compartilhado por todos os diretores, professores e teóricos: como ajudar o ator, nas palavras do sr. Meisner, a "atuar com verdade sob circunstâncias imaginárias".

O problema reside no seguinte: qual é o significado de "a partir de seu próprio ponto de vista"? Qual é o significado de "até que algo aconteça e o faça mudar"? Todo e qualquer aluno que tenta executar o Jogo da Repetição torna a voltar sua atenção para si mesmo: "Afinal, qual é o meu ponto de vista?" "Será que algo realmente aconteceu para me fazer mudar?" Ninguém jamais executou com sucesso esse jogo. Entretanto, muitos de nós que nele fracassaram são capazes de atuar. Como? Porque estão dispostos a atuar, amam atuar, estudaram voz, dicção, dança e análise teatral, e possuem talento e força de vontade.

Esse jogo era a essência da compreensão que a Neighborhood Playhouse tinha do Método. A dos rivais do outro lado da cidade, o Actors Studio, era a "memória emocional".

Ali, Lee Strasberg e seus professores e discípulos buscavam o mesmo objetivo — a espontaneidade sob condições imaginárias — esforçando-se em instilar no ator a capacidade de "se lembrar" ou de "reviver" uma sensação semelhante à que ele, ator, supõe que o personagem da peça sente. Porém tudo o que sabemos sobre o personagem são as falas que ele diz.

O problema aqui é: o que "eu te amo" significa?

Pode significar "Seja meu"; ou pode significar "Me deixe em paz".

Além disso, a preocupação com os próprios sentimentos faz a pessoa se tornar tão maçante no palco quanto fora dele. Ninguém se empolga com o espectro de seu camarada sentindo alguma coisa.

Vamos ao teatro para ver ação — queremos ver o que os personagens *fazem*.

Portanto, com o sr. Meisner e o sr. Strasberg temos duas escolas de compreensão do sistema de Stanislavski — Stalin ou Trotski, ou Jung e Freud, se preferir; mas, tal como o comunismo, a ideia, não importa a forma como ela é apresentada, simplesmente não funciona.

Não é possível "se tornar" espontâneo por meio do estudo autoconsciente; não é possível conseguir atuar numa peça analisando fracassos e esforçando-se mais ainda. O professor e, em grande medida, o diretor são como o piloto do avião que tem certeza de que um parafuso não pode ser corrigido — mas basta sair que o avião retomará o prumo.

Ampliando esse conceito, a peça é como o avião no seguinte aspecto: se projetada corretamente, ela pilotará a si mesma; e a consciência do ator, isto é, daquele que nasceu para atuar, que ama o jogo nisso envolvido e que se sente feliz de interpretar no palco, é um dom de Deus. Não necessita dos paparicos nem da manipulação dos inferiores, os teóricos (e neles eu me incluo), que são os condutores do trem, mas acreditam ser o engenheiro.

Qual a melhor coisa que nós, diretores e professores, podemos fazer?

Simplificar o processo a fim de permitir que os talentosos brilhem, odiar como uma praga qualquer direção que castre o artista e terminar cada aula ou ensaio com um clima feliz de realização.

Como isso pode ser mais bem atingido?

1. Jamais peça ao ator ou ao aluno que faça nada mais complicado do que abrir uma janela.
2. Jamais ignore um momento falso ou constrangido. Jamais "pule para a coisa seguinte". *Não existe* coisa seguinte. O ator e o aluno devem ser ajudados a entender que qualquer momento pode ocorrer (e é possível que ocorra) naturalmente, facilmente, sem exaurir o intelecto ou a alma.

EMOÇÃO

Ninguém dá a mínima para o que você sente.

Ninguém dá a mínima para o que o médico sente, ninguém dá a mínima para o que o bombeiro sente, ninguém dá a mínima para o que o soldado ou o dentista sentem. Espera-se que eles realizem seu trabalho independentemente do que sintam e, ao fazer isso, espera-se que eles guardem seus sentimentos para si mesmos. Essa circunspecção chama-se respeito próprio.

E ninguém dá a mínima para o que você, o ator, sente. Espera-se que você faça seu trabalho, que é aparecer e recitar as falas, executar a cena de modo que o público consiga entender a peça.

Acredito que Stanislavski pode não ter sido um gênio, mas que foi tanto sortudo quanto sábio. Foi sortudo com o surgimento de Anton Tchekhov, cujas peças atiçaram sua inspiração de que interpretar não precisa ser algo formalista; e foi sábio por ter reconhecido que deveria abandonar o caminho de ator.

Como sei que ele fez isso? Porque as peças de Tchekhov tiveram êxito. Para a maioria de nós, as encenações das peças de Tchekhov são lúgubres e horríveis. Isso é resultado do fato de os atores e diretores "masturbarem-se" com elas, ou seja, acrescentarem suas "boas ideias" a peças que não precisam disso.

Stanislavski era um bom diretor? Muito provavelmente, e baseio minhas conjeturas em parte nas fotos dele em produções como ator. A julgar por estas fotos, ele quase com certeza não era bom, o que o coloca na posição da maioria de nós diretores (eu incluído) que, impedidos em seu desejo de atuar, ficaram apenas com o desejo de observar e admirar.

Suponho que os atores dele eram bons porque seu teatro era famoso e, portanto, ele podia escolher. Assim, tal como ocorreu com o Actors Studio e muitas outras escolas, o reconhecimento do teatro de Stanislavski deve ter resultado na teoria de sua competência enquanto instituição, coisa que na verdade deveria ser atribuída meramente aos talentos e esforços de seus artistas (quer eles soubessem, quer não).

O diretor sábio se assemelha mais a um treinador do que a um coreógrafo. Ele escolhe aqueles com capacidade e dedicação, a fim de incitar os talentosos a se unirem em torno de um objetivo comum: a peça.

A influência que alguém pode exercer num ator é mínima. Ele ou ela vai conferir ao seu papel idiossincrasias e desenvoltura, que são os maiores componentes do que chamamos talento. O treinador pode ajudar os talentosos a limar maus hábitos (ser relaxado, ficar balbuciando, distrair a atenção da plateia do outro ator, não concluir a fala, movimentar-se sem intenção), mas os atores talentosos devem ser tratados com cautela.

Para começar, eles receberam um dom, que deve ser respeitado e é algo, em grande medida, que está fora de seu controle. Um discurso teórico ou verborrágico do diretor pode incutir, e incutirá, no ator uma inibição autodestrutiva.

O que o diretor pode fazer? Com cuidado, sugerir qual é a natureza da cena (uma despedida, uma demissão, uma imploração, uma reprimenda) e dar forma à maldita, depois sair para fumar um cigarro. E ponto.

Os livros teóricos de Stanislavski são um grande lixo. São impossíveis de pôr em prática e, portanto, inúteis para o ator.

O grande dom dele foi ter reconhecido Tchekhov. E foram as peças de Tchekhov que transformaram a interpretação.

O MAPA E O TERRITÓRIO

Aqui vai o despertar de um professor: é gostoso formular minhas ideias; é útil para mim formular minhas ideias; não ajuda ninguém o fato de eu formular minhas ideias.

As duas partes mais difíceis de escrever para teatro são (1) descartar todas as anotações e esboços e escrever a abertura da peça, e (2) aceitar o rascunho resultante e se comprometer a trabalhar em cima dele, em vez de lamentar ou explorar (que são a mesma coisa) a diferença entre esse rascunho e a versão ideal antevista (que na verdade não existe) da peça.

A peça ideal parecia real, mas sua existência não passava de uma ilusão, da mesma forma como nós imaginamos uma personalidade do rádio. Ao conhecê-la, pensamos: "Não era assim que eu tinha imaginado você", mas na verdade não havíamos imaginado nada, havíamos simplesmente ouvido sua voz. A ideia de que havíamos imaginado a pessoa só surge quando nós a vemos em carne e osso. A ideia de que tínhamos uma visão de uma peça que na verdade ainda nem foi escrita só surge quando vemos o rascunho e pensamos: "Não é nada disso." (Tivesse ela de fato existido, qual seria a necessidade de escrevê-la?)

O treinamento do ator deveria ensinar (e talvez possivelmente ensine) ao acólito as poucas coisas que lhe permitam superar a distância entre a sensação que ele tem de que sua interpretação já existia e as exigências reais da cena.

A cena requer comprometimento. Esse comprometimento deve, por necessidade, ser feito enquanto o ator ignora o que isso poderá acarretar. A diferença entre os preconceitos do ator (na verdade, sua relutância) e a verdade do momento *é a própria* verdade do momento, que não existia nem poderia existir antes do momento e é feita exatamente daquilo que os incapazes e sem talento desejariam que sumisse. É a busca pela certeza que mata a cena.

O ator ruim e sem talento acha que sua dedicação à preparação vale de alguma coisa. Fora um entendimento rudimentar do impulso da cena, isso na verdade pode ser chamado de covardia.

E como o estudante de interpretação pode saber disso? Ele não pode.

A análise pode ajudar o ator apenas a entender a natureza da cena — não a interpretá-la. Por exemplo, a ação de uma cena pode ser caracterizada como *desafiadora* ou *suplicante*; cada análise pode surgir das falas do texto e constituir um guia para a natureza da cena, mas, não importa o nome que se dê, ainda assim ela precisa ser interpretada.

(Um encontro romântico pode, mais uma vez, ser caracterizado como *sedução* ou *corte*; os gracejos, os gestos, o afastar das cadeiras terão qualidades amplamente distintas em cada um desses casos.)

Não importa a forma como o artista entende o mapa, ele continua sendo apenas um guia para seu objetivo; para atingir o objetivo ele não tem como fugir da lama e da chuva.

O mapa não é o território.

A análise não é a cena.

O ator pode ser ajudado pelo professor, que o exorta a agarrar sua deixa, falar alto e bom som, virar para a plateia, começar e terminar a fala com clareza e ficar parado. Para além disso não existe muito que nem mesmo o melhor dos professores de interpretação possa fazer. Pois a troca se rompe assim que ocorre o comprometimento, e, ainda que seja possível sugerir atos físicos, tudo isso dará em nada se, quando o sinal soar, o ator "simplesmente não estiver no clima" ou, segundo a desculpa do Método, "simplesmente achar que seu personagem não faria isso" ou "simplesmente achar que não 'gosta mais' do seu objetivo".

Vale observar que o ator que "simplesmente não gosta mais do seu objetivo" parece o homem recém-casado que se desapaixona pela mulher, considerando-se que em ambos os casos a nova percepção é fomentada pelo medo — o medo da intimidade que o comprometimento trouxe para sua vida.

A maioria daqueles que se dizem alunos de interpretação jamais aprenderá a interpretar. Esse é um talento que pode ser descoberto ou libertado, ou talvez quem sabe modelado, mas não instilado. Nem o melhor treinador do mundo pode ensinar um punhado aleatório de aspirantes a atirar uma bola de beisebol a 145 quilômetros por hora.

Aqueles que não nasceram para atuar — e muitos vão descobrir outros escapes para sua dedicação ao teatro — podem (como eu, por exemplo) se tornar diretores ou dramaturgos; pois de que outro lugar, na história do mundo, eles vêm senão desses escalões? Não há vergonha nenhuma nisso.

E os inspirados, exploradores ou ignorantes podem continuar, e continuarão, a dar palestras a estudantes e fazê-los executar vários exercícios e chamar isso tudo de "ensino da interpretação", mas eu não acho que seja.

FORMAS TEATRAIS

O teatro existe para apresentar uma competição entre o bem e o mal. Tanto na comédia quanto na tragédia, o bem vence. No drama, é um empate.*

Tanto a comédia quanto a tragédia tratam do destino. Ambas se originaram de cerimônias religiosas nas quais o destino era conhecido como Deus. Elas lidam com dois diferentes aspectos de Deus, o primeiro (Adonai), o deus do amor, e o segundo (Elohenu), o deus do julgamento.

O drama trata da vida cotidiana. Seu lema, em vez de "Os deuses não serão zombados", é "Acaso a vida não é assim?". A comédia e a tragédia se preocupam com a moralidade, isto é, nossas relações sob Deus; já o drama se preocupa com o homem na sociedade. Até aí, tudo bem. No entanto, o drama, sendo a forma teatral de estrutura menos rígida, permite que exista uma mitigação infinita até mesmo de suas preocupações sociais.**

---

*No filme noir, o mal vence.

** Colocato de modo ligeiramente diferente, as operações de Deus ou das Moiras devem se resolver de modo perfeito, como uma equação matemática — não pode haver nenhum resto não catexizado. Os movimentos sociais podem ser percebidos, por outro lado, como uma observação provocadora mas irresolvível.

Por haver descartado as restrições do universo teocêntrico, o autor de dramas se torna livre para abstrair de sua obra as questões que envolvem as interações de igual para igual (éticas) entre as pessoas e encenar, na verdade, uma refutação da troca teatral (arte da performance) na qual, como na espera pela descida de Moisés do monte, o populacho primeiro criou e depois ficou extasiado com sua capacidade de adorar um objeto construído pelo homem, o bezerro de ouro.

No drama de fúria homicida, "Não existe Deus e estamos todos sozinhos" (que é, essencialmente, um *cri de coeur*, ou um endosso do poder de Deus) vira "Como não existe Deus, podemos agir do modo que quisermos" (que é um convite marxista ao crime).

O perigo do drama, então, ao contrário das formas teatrais mais rígidas, é a glorificação do indivíduo (dramaturgo, protagonista e público) como todo-poderoso.

O dramaturgo de formas teatrais mais estritas, no entanto, deve se submeter às exigências da forma. Se não fizer isso — isto é, se não se humilhar diante daquilo que é maior do que ele mesmo —, como poderá esperar que o público o faça?

A plateia não vai se submeter a nada a que o protagonista também não se submeta. Pois a jornada é a mesma, as pessoas da plateia veem a si mesmas como o protagonista — e de fato elas o são, ao menos durante aquele período da noite, porque a peça é o sonho delas trazido à tona pelo seu representante, o dramaturgo; e sabemos que nos sonhos todos os personagens representam aquele que está sonhando.

Por fim, o protagonista nada mais é do que sua própria jornada, que não passa do sonho ordenado do dramaturgo — o qual se rendeu à estrutura de um intercâmbio moral e se esforça para compreendê-la e esclarecê-la.

A troca teatral, então, é uma comunhão entre o público e Deus, moderada por uma peça ou liturgia criada pelo dramaturgo. Os trabalhadores do teatro (atores, diretores, figurinistas, cenógrafos, iluminadores, dramaturgos) são essencialmente os descendentes dos sacerdotes e levitas do templo antigo, cuja função (tal como a de seus ancestrais, os contadores de história ao redor da fogueira) era abordar a questão: "Afinal, o que é que está acontecendo aqui, hein?"

Ao redor da fogueira ou, como hoje, ao redor da tela, a questão pode ser abordada de modo mecânico — "Entendo por que esta ação sempre causa este resultado" (o xerife uma hora chega e a donzela será libertada dos trilhos do trem) — ou espiritual — "Existe uma força que atua sobre nossas vidas e cuja operação eu não compreendo. Sei, porém, que as tentativas de entendê-la emprestam ordem àquilo que de outra maneira seria o caos. Meu terror diante do caos, embora me cause maravilhamento e submissão, pode ser aplacado apenas por meio da declaração da minha própria onipotência."

O drama, portanto, que na melhor das hipóteses é uma infeliz exploração do fato de que "a vida é assim mesmo", pode se degenerar em satisfação dos desejos (filme de ação), choradeira (dramalhão), niilismo (performance e textos desconstruídos). *Son et lumière* é apenas um posto na estrada que leva à reinterposição manipulada da glorificação, feita pelo homem (política), da vontade humana (comícios de Nuremberg).

O evento teatral ou é consagrado a Deus (tragédia e comédia), com o potencial catártico da submissão, ou ao homem, e nesse caso pode ser desviado para qualquer propósito fabricado — de incitação a boas obras a incitação ao assassinato.

Pois o pseudodrama vazio ou político não começa com uma tábula rasa. Uma vez que o público, conscientemente ou não, foi ao local onde os seres humanos sempre vão para ouvir a verdade, o evento vazio começa com uma rejeição — uma vez que a arenga ocorre não no Hyde Park Corner, onde seria de esperar e onde poderíamos analisá-la com a mente consciente, mas no teatro, onde, como na igreja ou na sinagoga, e pelos mesmos motivos, abdicamos de parte da nossa capacidade racional em troca da oportunidade de ouvir uma verdade mais profunda.

O agnóstico protesta que as alegações da religião são impossíveis e não podem ser comprovadas, e cita relatos bíblicos de milagres. No entanto, isso não são as alegações, e sim a *poesia* da religião. Uma carta de amor é, factualmente, impossível de se comprovar, mas ela não pretende ser uma postulação da física, e sim do amor. O cético, que diz "eu não entendo como seu amor pode ser tão grande quanto o oceano", não está sendo racional, e sim repreensivamente obtuso.

A boa notícia é que, embora qualquer um possa ser o recipiente, em qualquer época ou lugar, de protestos de amor incomuns e inconvenientes, ninguém vai ao teatro sem se submeter de modo consciente ou inconsciente à possibilidade de revelação (pois se tudo que o espectador quisesse fosse a garantia de um pouco de dramaticidade, ele iria assistir a um jogo de hóquei). Mas ele foi ao teatro. Para participar de uma celebração do mistério. E o que podemos fazer a respeito?

TENDÊNCIAS TOTALITÁRIAS

Não é nenhum acaso que nossa atual compreensão da troca entre o ator e o público tenha nascido em um regime totalitário.

Stanislavski viveu e floresceu sob a ditadura, primeiro do czar e depois dos bolcheviques.

Sua capacidade de encenar obras de conteúdo real — ou seja, obras que abordavam as bases da vida humana: perda, desejo, medo, ganância e suas consequências — se via limitada tanto pelos atos da censura quanto pela preocupação com a possibilidade de haver tais atos.

Não por acaso que o conteúdo moral real das peças de Tchekhov seja bastante irrelevante. Elas sobrevivem como lindos e magistrais esboços sobre a condição humana, mas, esvaziadas tanto de tema quanto de trama, devem ter tido êxito na época em que foram criadas (tal como têm hoje) em grande parte devido a sua capacidade de permitir que o público tenha um vislumbre da inefável excentricidade humana e a entenda como uma espécie de verdade. São lindas comédias, representam o nascimento do teatro moderno, mas têm êxito em parte porque, longe de serem repreensíveis, nelas não há nada nem remotamente quantificável.

Sob os bolcheviques, a capacidade do Teatro de Arte de Moscou de expressar qualquer coisa sobre a condição humana se viu completamente restringida; e vemos no aumento de seus estúdios-laboratórios e em seus diretores, Meyerhold e Vakhtangov, esse estilo da arte moderna que se volta na direção do fascismo (aqui chamado de construtivismo).

Esses diretores, privados de quaisquer textos significativos pelo Estado, encenavam circos onde o figurino e o cenário se tornavam de primeira importância. Na verdade, eles construíam móbiles e chamavam-nos de dramas.

Vemos seus descendentes hoje na performance. Mas o que é a performance? Se é dança, que seja chamada de dança, colocada ao lado das obras de Baryshnikov, Alvin Ailey, Merce Cunningham e julgada de acordo. Se é circo, deixe que vendam pipoca caramelada. A performance não é nem carne nem peixe, mas sim o filho bastardo da repressão stalinista (peças sem significado) e do desconstrutivismo (peças sem texto).

O desconstrutivismo e o existencialismo, até onde posso determinar, argumentam que não existe nenhum sentido em coisa alguma exceto aquele que o indivíduo escolhe lhe dar.

Isso, lógico, é selvageria intelectual e moral, e vem de duas fontes de certa maneira relacionadas. A primeira, como notado anteriormente, é a posição do artista sob um regime totalitário; a segunda é a utilidade do desconstrutivismo para a mentalidade de segunda categoria.

O motivo é que, embora poucos sejam capazes de construir um celeiro, qualquer um pode atear fogo nele. E se esse ato não é de inveja brutal, mas uma expressão da liberdade nietzschiana, isto é, se ao incendiário não apenas se permite que execute seu crime, se ele não apenas não é punido como também é enaltecido, então muitas pessoas que de outra maneira se veriam esmagadas por seu desejo irrealizável de status vão começar a incendiar celeiros (daí a situação dos estúdios que antigamente eram chamados de artes liberais).

Uma vez que não existe texto (e, ainda assim, as duas horas continuem sendo chamadas de "teatro"), uma vez que o texto é zombado por vândalos e uma vez que esses vândalos são homenageados como inovadores, nos deparamos não apenas com a pompa, mas com a pompa explorável ou a serviço de algum bem maior (os comícios de Nuremberg, a Marcha de um Milhão de Homens, Woodstock etc.).

Aí está o pensamento corrente do totalitarismo: a noção de que as pessoas se submergem em um grupo cujo propósito é agir para determinado fim, que ou é inaveriguável (a mudança) ou insustentável (a paz mundial).

Basta lembrar as feministas: "Você simplesmente *não entende*." O que as impediria de declarar de modo claro seus objetivos caso esses objetivos fossem realizáveis e enaltecedores?

(Note que alguns desses objetivos *eram*, e, ao serem declarados, viraram ou estão no processo de virar realidade: salários iguais para funções iguais.)

Compare "você simplesmente não entende", que não passa de zombaria a um suposto antagonista por sua falta de entendimento a respeito de um objetivo inexplicável, com a desconstrução, cujos defensores (incluindo Derrida) diziam: "Se você não entende, então é *incapaz* de entender."

No entanto, *somos capazes* de entender.

O teatro pode ser usado para alcançar poder — *mas somente se lhe permitirem funcionar independentemente do texto*.

As produções de Stanislavski e dos estúdios-laboratórios e as obras dos diretores modernsitas e construtivistas do Leste Europeu eram liberadas pela censura se a pergunta "Acaso esta peça contém algum significado prejudicial para o regime?" fosse respondida (corretamente): "Não, ela não tem significado nenhum."

Até aí tudo bem, se essas manobras se limitassem ao tempo-espaço da repressão comunista. No entanto, o fenômeno da peça sem texto migrou para cá.

Nós o encontramos em três vertentes. A primeira é o amor construtivista pelo cenário grandioso ou cheio de adornos. (Numa palestra recente que dei numa universidade para alunos de design, me perguntaram o que eu achava da teoria de que o cenário deveria existir como uma obra de arte independente da peça. Respondi que nunca havia ouvido falar nessa teoria, mas que era uma baita de uma asneira. Fiquei surpreso ao ouvir gente engasgando.)

Se o designer quer agir dessa maneira, existe uma forma artística antiga e aprovada: ela se chama escultura. Pois da mesma maneira que uma peça não pode ser melhorada, mas apenas corrompida pela presença de uma escultura no palco, qualquer escultor de verdade confirmaria que sua obra só seria diminuída pela montagem de uma peça ao redor dela.

Não, o intercâmbio teatral existe para comunicar o texto (e o seu significado) da peça para os espectadores.

Qualquer coisa que não ajude a troca a prejudica. O cenário cheio de adornos é uma tentativa de sequestrar a troca. É remanescente do construtivismo, de um tempo-espaço em que o texto era suprimido, e sua sobrevivência nos dias de hoje é uma forma de desconstrução, ou seja, de vandalismo.

A segunda vertente da sobrevivência totalitária é o Método de Stanislavski.* Lembramos que o interesse de Stanislavski pela psicologia e vida interior do personagem ocorreu em uma época de repressão — quando o fato mais saliente da vida, o governo totalitário, e mais tarde a guerra e a revolução, não podia ser abordado. Em que, então, focava o diretor? No que ele chamava de vida interior.

Porém *não existe* vida interior do personagem, porque não existe personagem. O personagem são só palavras de uma fala delineada na página, isso é tudo o que existe

---

*Sugiro que qualquer um interessado numa discussão mais aprofundada e um pouco mais técnica do Método e do ator americano leia meu *True and False Heresy and Common Sense for the Actor* (Nova York: Pantheon, 1997).

— e a preocupação do Método com o personagem não difere nem um pouco dos devaneios de uma garota de 12 anos, do tipo "O que será que Rhett Butler faria se vivesse nos dias de hoje?".

Notemos que Rhett Butler nunca viveu, não vive e jamais viverá, mas que a ilusão do personagem foi formada pela conjunção do texto e da interpretação de Clark Gable (que não se lançou ao estudo da vida interior do personagem, mas simplesmente deu as caras no set e recitou suas falas).

A persistência do interesse na vida interior do personagem é uma forma de desconstrucionismo, ou seja, uma rejeição do texto: pois o bom texto dramático não é nada além de uma sucessão de incidentes (segundo Aristóteles) nos quais o herói se lança a um objetivo claro e importante. Isso é tudo o que há. Não existe personagem fora isso, e ratificar o estudo do inexistente e do inaveriguável (quem poderá dizer em qual universidade Rhett Butler estudou ou que tipo de perfume ele preferia?) é admitir a entrada tanto dos tolos quanto dos salafrários no teatro e convidá-los a sequestrar o texto. O Método e sua obsessão com o imaginário também permitem que o teatro incorra em solipsismo. Pois no Método o ator e o diretor não estão interessados nem no texto nem no público, mas apenas em si mesmos.* Eles se permitem,

---

*O público não está nem aí, pois não pode ver em que universidade Rhett estudou nem de que maneira a cena se parece com o que o ator sente pela sua tia.

finalmente, rejeitar as exigências do palco, fazer o que têm vontade, e chamam isso de técnica.

A terceira vertente da propensão totalitária é a peça de vitimização. Esse tipo de peça pelo menos tem um significado verificável (tais e tais grupos são oprimidos, e as pessoas de boas intenções devem aprender a superar seus preconceitos e ir em seu auxílio), mas é um significado que apela para o que há de mais baixo no público (está vendo como você é esperto? Você já sabia que os surdos também eram gente...), chama isso do que há de mais elevado (não está orgulhoso de si mesmo? Eu, o autor, estou orgulhoso de você) e faz o público ao mesmo tempo se sentir íntegro e ver satisfeito seu desejo potencial por violência (como é que aquela diretora de escola calhorda não via que os surdos também são gente? Caramba, sinto vontade de...). Essas peças sociais, assim, são uma forma mais branda de propaganda política, que não escancara a visão do Estado mas, o que talvez seja ainda mais perigoso, apresenta a existência de um grupo maior do que o Estado e recruta as pessoas para ele: a confraria do pensamento correto. Esse convite é potencialmente o início brando do fascismo.

O teatro deveria ser político? Absolutamente não. A função do teatro é investigar a condição humana. A condição humana é trágica: somos condenados pela nossa própria natureza; e cômica: somos condenados pela nossa própria natureza, mas a graça existe. O ser humano certamente não é onisciente, nem como indivíduo, nem como Estado, nem como esses grupos que substituiriam o Estado, e nossa percepção equivocada de nós mesmos como deuses superiores ao texto, ou como semideuses incapazes de errar e a quem se permite endossar o *nonsense*, alista o teatro a serviço do totalitarismo.

REPRESSÃO

É o sonho imemorial do homem sem talento de que, com suficiente devoção à doutrina, ele será capaz de produzir arte.

O antistratfordiano passa o tempo todo reunindo provas de que o camarada chamado Shakespeare não escreveu as peças shakespearianas.

Isso, como tantas devoções à doutrina, é tão atrativo quanto interminável: a felicidade do antistratfordiano não vem de nenhuma conquista final e objetiva, mas da honra de assumir, em pé de igualdade, o campo de batalha contra o artista.

Como boa parte da política, isso parece ser uma declaração ousada em favor da igualdade, mas na verdade não passa de arrogância. Pois o ataque a Shakespeare poderia ser feito por qualquer um com tempo livre suficiente e respeito insuficiente, mas apenas Shakespeare poderia ter escrito suas peças.

Não, não, gritam os detratores, ele era inculto e não sabia nada sobre a vida (implícito: como *eu* sei).

Não, esse intelectual não será enganado pelo mérito artístico, pois isso não pode ser quantificado — e logo, segundo sua mente superior, deve ser visto, segundo seu julgamento, como algo nulo e sem valor.

O homem sem talento, não inclinado a aceitar uma conquista que ele não consegue compreender, se refugia nas teorias política e religiosa. Política: o valor da peça é irrelevante. O que importa é o sexo, o gênero, a raça do dramaturgo. (Pseudo)religiosa: o verdadeiro valor de um professor (conforme se demonstra pelas conquistas de seus alunos) é irrelevante. Só o que importa é sua devoção ortodoxa (ao Método, à técnica de Meisner etc.) ou sua posição na sucessão apostólica: ele é aluno do aluno do aluno de X, que foi discípulo de Lee Strasberg.

Mas, no palco, a mera referência à linhagem de alguém é uma indicação de autoengano. Pois o público não dá a mínima para que escola os atores frequentaram, nem para quais são os princípios deles; nem dá a mínima para raça, sexo, gênero do dramaturgo. O público só quer se divertir.

Porém, muitos daqueles que não têm nenhum dom para entreter, mas mesmo assim não voltam para suas casas, apanham o escudo e a espada do intelecto.

O teatro é, essencialmente, uma desconstrução do mecanismo de repressão, ou seja, do intelecto e de suas pretensões.

Freud nos lembrou que a repressão é a neurose e que, tal como Rumpelstiltskin, se nós a nomearmos, talvez ela simplesmente desapareça.

O mesmo mecanismo opera em um ambiente não terapêutico mas recreativo, o teatro. Ali somos apresentados a um problema — o dilema do protagonista — e nossos esforços para resolvê-lo podem ser vistos como um simulacro do processo terapêutico. O analisando percebe que suas projeções (o sentimento pelo analista) não são causadas pelo analista, mas são as distorções costumeiras dele mesmo (suas neuroses). Nesse reconhecimento ele, teoricamente, se liberta de sua crença no poder do analista. E assim, por conseguinte, de sua crença no poder da própria neurose. O espectador da peça se liberta no início da troca teatral (o que é ainda melhor), pois está assistindo a uma peça sobre outra pessoa.

Como ele não está sendo pessoalmente desafiado, fica livre para assistir às interações e refletir sobre as interpretações claras, mas fantásticas, que os protagonistas fazem a respeito da vida.

Engendrar esse estado, apresentar essas interações com clareza para o público, induzi-lo a suspender a razão e assistir ao espetáculo é algo difícil.

Aqueles que conseguem realizar o truque são chamados de artistas; aqueles que não conseguem levar a tarefa a cabo podem procurar outro nome para si mesmos, e, de fato, eles se apresentam como professores, críticos, intelectuais.

Esses camaradas, que não são nem criadores nem público, esforçam-se para reinserir na troca dramática o próprio mecanismo repressor que é a função da peça purificar.

Todas as peças são sobre mentiras. Uma situação erroneamente imaginada ou equivocadamente descrita é apresentada ao herói, que deve ou descobrir a mentira que a engendrou (*Hamlet*) ou tentar inventar as mentiras que acredita poderem livrá-lo dessa situação (*Todos os meus filhos*). Quando a mentira é revelada, a peça acaba.

O funcionamento do mecanismo de repressão foi explorado ao longo da peça e o público vivenciou tanto o poder desse mecanismo quanto a sua fraqueza, e viu-o ser vencido. Portanto, embora a peça possa não ter abordado seu dilema específico, o espectador sai renovado por ver uma vitória vicária sobre a espécie de tormento que ele mesmo compartilha com o herói (consciência).

O homem sem talento deseja restabelecer justamente esse mecanismo da repressão, desconstruindo a peça para enfraquecer a linguagem, fazendo um cenário elaborado para distrair do texto, explicando a peça para o público, em suma, fazendo de tudo para roubar dela sua declaração terrível: de que a mente, a moral e os atos humanos são imperfeitos e não aperfeiçoáveis, de que somos incontrovertidamente autoiludidos, mas que, apesar disso, a graça pode existir.

Porém, nem graça, nem revelação nem paz podem advir do exercício superior da faculdade de compreensão racional que a peça foi escrita justamente para desafiar.

A falta de talento não é um crime, mas também não deveria ser uma licença.

Que aqueles que não nutrem nenhum entendimento, amor ou verdadeiro interesse pelo processo teatral venham pregar e censurar pode ser interpretado como prova do poder do teatro.

Shakespeare escreveu que somos todos "criaturas culpadas assistindo a uma peça", à qual alguns assentem ao reconhecerem a si mesmos, mas diante da qual alguns levantam-se bufando de seus lugares e vão embora, afrontados e cheios de juras de vingança.

POLITICAMENTE CORRETO*

A essência da democracia é a seguinte: que o indivíduo é livre para abraçar ou rejeitar, elogiar ou abominar qualquer posição política — que ele não precisa responder a ninguém e jamais precisa articular seus motivos ou defender suas escolhas.

Que algum ato político possa ser denominado correto pressupõe uma autoridade universal, incontrovertível e superdemocrática — ou seja, uma ditadura.

O politicamente correto só pode existir na opressão totalitária (uma vez que é a sua ferramenta específica). O significado verdadeiro do termo é "ortodoxia ideológica".

Muitos de nós têm "boas ideias", mas aqueles que têm um emprego integral (ao contrário dos ideólogos) são impedidos de infligi-las a seus companheiros seres humanos.

O teatro é um exemplo magnífico de como funciona um baluarte específico da democracia, a economia de livre mercado. Trata-se da mais democrática das artes,

---

*Devo muito ao livro *Intellectuals*, de Paul Johnson, principalmente o capítulo sobre Brecht, e a *Knowledge and Decisions*, de Thomas Sowell.

pois se a peça encenada não agrada à imaginação ou ao entendimento de uma parcela suficiente de pessoas, ela é substituída. O teatro exemplifica de modo especial o livre mercado democrático, uma vez que as interações entre espectador e encenador, entre consumidor e fornecedor, são imediatas, livres, não sujeitas a regulação. Tais interações não necessitam da verificação de terceiros (o vendedor não precisa explicar por que ofereceu determinado bem e o comprador não precisa explicar por que o escolheu ou o rejeitou).

Existe um *feedback* imediato entre as partes envolvidas na transação, e cada uma delas vai se articular para alcançar seu objetivo específico (no caso do público, a diversão, o entretenimento; no caso do artista, o sustento) sem recorrer a manifestos lógicos e comprováveis. Dessa maneira, as interações do teatro, uma instituição do livre mercado, assemelham-se não a um processo jurídico, mas a uma disputa de luta romana.

Na nossa sociedade livre, o teatro é livre: para agradar, desagradar, afrontar, entediar, ter êxito ou fracassar sem seguir nenhuma regra ou padrão. Ele é o lugar não de ideólogos (seja gente paga pelo Estado e chamada de comissários, seja gente do sistema universitário subsidiada por impostos e chamada de intelectuais), mas de camaradas do mundo do espetáculo tentando ganhar a vida.

Quer dizer, isso numa democracia, como a coisa deveria ser. O fato de um diretor ser bom em fazer as pessoas se remexerem no sofá ou de um autor ser hábil em escrever diálogos inteligentes não autoriza nenhum dos dois a desperdiçar o tempo do público com pregações. Uma audiência de pagantes vai se opor (e deveria se opor) a tamanho absurdo e forçar o tal pontífice a mudar de ramo. A menos que ele seja subsidiado.

É somente no teatro financiado pelo Estado (não importando se esse subsídio é direto, na forma de patrocínio, ou indireto, na forma de doações, dedutíveis dos impostos, para universidades ou associações artísticas) que o ideólogo consegue ter influência, pois nesse caso ele não está sujeito ao veredicto imediato do público, e sim ao beneplácito da autoridade patrocinadora, e portanto vai devotar todas as suas energias para obter tal beneplácito.

Basta ver a enxurrada de diretores e dramaturgos do bloco soviético que inundaram nossas praias a partir dos anos 1960, encenando *son et lumières* para um público cativo que se entediava o suficiente para lhes projetar significado. Basta ver também seus imitadores americanos: trupes de mímicos, trupes de teatro de bonecos, teatros-laboratórios custeados pelas universidades, grupos de propaganda política etc. oferecendo espetáculos sem sentido, essencialmente construtivistas, que o público era convidado (tal como no comunismo) a entender como inefáveis encenações da luta contra a opressão (luta tão profunda que era impossível de ser expressada com simples palavras) — um monte de macaquices.*

---

*Veja o fenômeno mais benigno do diretor encenando de forma não tradiciona. uma peça já existente: *Hamlet* no espaço, *Otelo* num convento, qualquer peça de Tchekhov com roupas modernas etc., como se mudar o figurino fosse mudar a peça. Essas "boas ideias" diferem em extensão, mas não em intenção, das ideias dos ideólogos de carteirinha — que é usurpar poder do texto e impor à plateia uma visão mais avançada do que a do autor.

Desde a queda do comunismo, esses exemplos construtivistas de texto como opressão e de texto como inevitável promulgador de preconceitos supostamente deveriam, por meio de seus paladinos atuais, louvar e aumentar a consciência em relação à opressão — não a dos trabalhadores pelos capitalistas, mas a das mulheres pelos homens, do Oriente pelo Ocidente, da luz pela escuridão. Os autoungidos paladinos do pensamento correto *só conseguem agir* em um ambiente controlado pelo Estado (ou controlado pelo seu simulacro, o politicamente correto), pois um público livre para escolher rirá deles com escárnio.

Os paladinos da assim chamada teoria, seja ela feminista, marxista, multiculturalista ou qualquer outra, numa tentativa de (supostamente) eliminar os preconceitos da expressão artística, envolvem-se numa versão pós-moderna da queima de livros. Pois a questão da arte não é nem "Como isso pode servir ao Estado?" (stalinista) nem a sua transformação astuta para "Como isso pode servir à humanidade?", mas sim "Como isso pode servir ao público?".

Por quê?

Ninguém, até hoje, foi capaz de descobrir como servir à humanidade. Aqueles que mais notavelmente obtiveram poder alegando ter feito isso são conhecidos como tiranos.

Porém é possível esforçar-se para servir ao público e aplicar testes concretos para determinar se esse objetivo foi alcançado. (A plateia riu, chorou, contou aos amigos?)

Notem que nós rimos, suspiramos, choramos e nos surpreendemos à medida que os desdobramentos da peça revelam a tolice das visões que antes sustentávamos. Este é o poder da dramatização, seja ela da piada do toc-toc ou da tragédia shakespeariana: nos vemos diante de uma declaração definida, como, por exemplo, "não existe nada no mundo capaz de me fazer duvidar da castidade de minha esposa". E nós a acompanhamos, passo a passo, até ela ser derrotada e, assim, somos levados a reconhecer a trágica (ou cômica) inutilidade de nosso processo de racionalização. Ao final desse processo (seja na piada, seja na peça), somos aliviados da carga da repressão que esse conhecimento nos causava.*

Considere, em oposição, os pseudodramas, a multimídia, a performance, a arte política e outras sugestões de que existe *uma* visão politicamente correta e de que o local correto para levar tal visão é a arena dramática.

Esses espetáculos essencialmente sem sentido, mais uma vez, convidam o público (autosselecionado pelas visões políticas compartilhadas pelos seus membros) a se deleitarem numa louvação da morte do significado.

---

*Estive, recentemente, dando aulas sobre estrutura dramática em uma grande universidade, e para minha vergonha permiti que a turma fosse sequestrada por um jovem camarada que teimava que nenhuma aula sobre o assunto teria sentido se não insistisse no direito de dois homossexuais se beijarem no palco. Abalado com a veemência jacobina do garoto, não me ocorreu informá-lo que a sabedoria dramática imemorial admoesta contra *qualquer um* se beijando no palco. Não é interessante, só é capaz de sinalizar a conclusão da peça. A resposta correta para ele deveria ter sido: "Experimente fazer isso, observe o resultado na bilheteria e depois venha conversar comigo."

Eles não exploram a interação humana (que é a função do drama), ou seja, não investigam a fim de chegar a uma conclusão, mas em vez disso já começam com uma conclusão (o capitalismo, os Estados Unidos, os homens, e por aí vai, são maus) e premiam o público por aplaudir sua concordância.

As origens do politicamente correto de hoje podem ser encontradas nas peças e filmes dos regimes totalitários (notavelmente da Rússia stalinista), que foram criados ou endossados por um Estado que precisava negar a possibilidade da interação humana livre — extirpando da arte o significado.

Aos artistas sob esses regimes, impedidos de exprimir livremente suas próprias ideias, era dada a escolha de se acharem afortunados por terem subvenção estatal e/ou espertos por enfiarem símbolos hipoteticamente antigoverno em seu lindo pábulo.

Os pseudodramas resultantes eram (e são) a epítome do politicamente correto. Eles devem ser corretos; por não conterem nenhum significado, não existe possibilidade de se revelarem errados.

Drama diz respeito a mentiras. Drama diz respeito a repressão. Quando aquilo que está reprimido é liberado — no final da peça —, o poder da repressão é derrotado e o herói (o refém do público) se torna mais inteiro. Drama é encontrar no caos um significado antes insuspeitado, é descobrir uma verdade antes obscurecida pelas mentiras, é nossa insistência em aceitar mentiras.

No bom drama descobrimos que a liberdade pode estar mais além e ser alcançada por meio do questionamento doloroso daquilo que antes era visto como inquestionável. Nesse tipo de encenação, acompanhamos um princípio inicial, então supostamente compreendido, até seu desfecho surpreendente e inesperado: sentimos prazer em sermos capazes de rever a nossa compreensão.

É possível existir espetáculo politicamente correto, mas é impossível existir drama politicamente correto. O próprio termo deveria causar repulsa em qualquer um que valorize a democracia e esta que é a mais democrática das artes, o teatro.

GRANDES ESPETÁCULOS E GRANDE POESIA AMERICANOS

Tal como os britânicos estenderam a duração da era eduardiana até a Primeira Guerra Mundial, estenderei a era da literatura dramática do século XX até hoje. Quais são as grandes peças, produções e inovações americanas do século XX?*

Aqui estão minhas escolhas para Grandes Peças Americanas: primeiro, *Nossa cidade*, depois *Última hora*, *Quem tem medo de Virginia Woolf?*, *Um bonde chamado desejo*, *Todos os meus filhos* e *Dúvida*. Poderia também mencionar *Nick Bar... Álcool, brinquedos e ambições*, *The Boys in the Band*, *Vassalos da ambição* e *As mulheres*.

O que essas peças têm em comum? São intensamente americanas. Ou seja, tratam de questões americanas e ao mesmo tempo são escritas em uma linguagem americana mais próxima da poesia do que da prosa.

---

*Irei tanto assumir que meu trabalho pode merecer menção quanto isentá-lo de consideração em diversos âmbitos.

A poesia de *Um bonde...* (assim como a de *A morte do caixeiro-viajante*) deve muitíssimo à tradição do Romantismo; a de *Última hora* e de *Nossa cidade* é tão americana quanto a torta de maçã e a votação. É a língua vulgata, tão poética quanto a página de esportes ou o blues.

Essas peças também têm em comum a devoção à forma dramática. Os dramaturgos contam suas histórias por meio de uma estrutura de incidentes, e cada um deles constitui uma tentativa do herói de chegar mais perto do seu objetivo.

Julgada dessa maneira, *Um bonde...* talvez seja a mais fraca do grupo. P: Quem é o herói? O que ele ou ela quer? E o que ele ou ela está disposto a fazer para consegui-lo? R: Temos três escolhas, das quais Blanche deve ser a melhor. Ela deseja um lar. O que Stanley deseja? Paz? Sexo? E Stella, o que deseja? Stanley. A trama é de certa maneira um esforço em conjunto (e irrelevante), mas Tennessee Williams, tal como Tchekhov, cai no lado perdoado do axioma "Qualquer tolo é capaz de escrever uma sinfonia, mas é preciso um gênio para escrever um poema sinfônico". No quesito poesia, *Nossa cidade* participa da tradição de certa maneira americana do poema-lista ou falsamente artístico, que nos foi infligido por Walt Whitman e persiste hoje nas páginas da *New Yorker* e de outros pasquins pomposos. Poderíamos dizer que veio de Whitman via Edgar Lee Masters e alcançou seu apogeu dramático em *Nossa cidade* e, talvez, em *Nick Bar... Álcool, brinquedos e ambições*.

Não tem nada de mais quando a coisa é bem-feita (Saroyan) ou realizada de modo magnífico (Williams), mas sugiro que a verdadeira grande poesia americana, no palco e na página, é a vulgata, a língua real do povo, e essa só pode ser encontrada nos anátemas culturais conhecidos como entretenimento popular.

Talvez aqui seja um bom momento para fazer uma digressão sobre o assunto. O trabalho do dramaturgo é levar os traseiros aos assentos, e o dos atores e diretores é mantê-los lá. Ponto. É isso o que paga o aluguel. Seja lá o que um indivíduo possa ter a dizer, ele não será ouvido a menos que (a) o público esteja presente e (b) que esteja prestando atenção. E ninguém presta atenção a algo que entedia. Por que deveria? Eu não prestaria, você também não.

O propósito do teatro não é instruir, melhorar, discorrer. É entreter. O bom artista do entretenimento pode receber e assim transmitir algo que seja de uma compreensão incomum ou profunda sobre a natureza humana ou mesmo sobre o destino humano — isto é, ele pode fazer algo além de entreter. Mas isso não necessariamente é melhor.

Joseph Campbell defende que talvez a comédia seja uma forma mais elevada do que a tragédia. Pois a tragédia nos lembra dos atos dos deuses como juízes; a comédia, de seus atos como pais clementes.

Ninguém desse mundo jamais assiste de bom grado a uma palestra tediosa. E as lições mais verdadeiras e mais indeléveis somos nós que ensinamos a nós mesmos — por meio da culpa e da vergonha (tragédia) e por meio do reconhecimento da graça (comédia).

Uma peça não deve ser uma palestra, e qualquer um que encene uma peça na garagem de casa vai, de modo autodidata, aprender isso ao conferir a receita depois do primeiro fim de semana. (Aqueles que estão em uma escola de teatro ou são financiados pelo governo serão poupados dessa lição até o [improvável] primeiro contato com o mundo real [o público].)

Assim como o assunto escolhido não deve ser abordado em forma de lição, a poesia dramática (o texto) deve entreter. Deve ter andamento rápido (por que se estender em uma questão que já foi abordada?) e possuir toda a fluidez, força rítmica e beleza sinfônica de que o autor seja capaz. Ou seja, seria bom se o dramaturgo soubesse escrever.

A julgar por esses parâmetros, talvez se descubra que as obras de Eugene O'Neill não são as obras-primas que alguns clamam ser (a menos que por obra-prima se entenda peça de museu, e que o conceito de cultura não corresponda à maneira como fazemos as coisas por aqui).

Quais são as obras-primas da poesia de nossa cultura? Foram escritas por Hank Williams, Muddy Waters, Johnny Mercer, Irving Berlin, Gus Kahn, Randy Newman, Carole King, Sam Cooke e Leadbelly. Suas letras de música constituem a mais elevada poesia, e nós nos lembramos delas e as cantamos durante a vida inteira. Elas são a trilha sonora de nossas existências e parecem nos ocorrer de modo natural — tal como qualquer verdadeira obra de arte.

Today I passed you on the street
And my heart fell at your feet
I can't help it if I'm still in love with you*

Deixemos de lado T. S. Eliot, Ezra Pound e todos os outros que preferiram a Europa. *J. Alfred Prufrock* não é nem melhor nem pior do que uma letra de rap. Na verdade, *é* uma letra de rap (faça o teste). Eu digo: enlouqueça ou caia na real. Por enlouquecer quero dizer Wallace Stevens e o verdadeiro Merle Haggard. *É esse* o *American Way*, e essa é a nossa verdadeira poesia, a poesia do povo americano. O que poderia entreter mais que isso? Nada.

"Eu sempre dependi da bondade de estranhos" é uma ótima frase de encerramento (não é a última frase da peça, mas é a última de que as pessoas se lembram e portanto *deveria* ser a última frase da peça). Mas como compará-la com "O filho da puta roubou meu relógio"?

---

*Versos de *I can't help it (If I'm still in love with you)*, de Hank Williams. Em tradução livre: "Hoje passei por você na rua/ E meu coração caiu a seus pés/ Não tenho culpa se ainda sou apaixonado por você". (*N. da T.*)

A MÁQUINA DE BANHO

Os primeiros automóveis eram chamados de carruagens sem cavalos e exibiam, logo atrás do painel, um encaixe feito para inserir um açoite.

Bem, essas primeiras máquinas costumavam quebrar com frequência e tinham de ser rebocadas por um cavalo, daí o encaixe e o açoite não serem de modo nenhum algo irracional. Porém, mesmo depois do aperfeiçoamento das carruagens sem cavalos, o encaixe durou até uma época em que o uso de um açoite já não seria mais necessário.

Trata-se de uma reminiscência tecnológica: a persistência de algo até as novas tecnologias o tornarem sem sentido.

A máquina de banho era remanescente de uma atitude cultural. Em que consistia ela? Numa pequena cabana montada sobre grandes rodas e puxada por cavalos de tração até o mar, transportando um ou mais banhistas. Ao final do trajeto, os cavalos eram mandados de volta para a praia e as portas dos fundos da cabana se abriam para permitir que os banhistas descessem com certa privacidade na arrebentação.

Tratava-se da conjunção das atitudes vitorianas em relação ao novo e à nudez.

O ato de nadar (chamado, na Inglaterra vitoriana, de "banhar-se") era, para a grande maioria da população, algo novo. As estradas de ferro do final do século XIX forneceram o meio de transporte para viagens até o litoral, e o aumento da nova classe média, a verba para isso. Antes disso, as pessoas não "se banhavam".

Banhar-se era novidade e parecia exigir o acréscimo de ao menos um pouco de tecnologia para proteger o acólito do horror do mar desenfreado.

Além disso, os vitorianos lançavam-se a seus prazeres vestidos (ou só admitiam que faziam assim). Então, andar até o mar com uma roupa (por mais modesta que fosse) que cobrisse menos corpo humano ou sugerisse mais a sua forma parecia impensável, e a máquina de banho era uma forma de praticar essa decência por outros meios.

Tal como o açoite e o encaixe, a passagem do tempo transformou a máquina de banho em relíquia, e a nova geração, mais acostumada tanto com o ato de nadar quanto com a nudez parcial, deixou-a de lado. (Nos anos 1960 os homens pararam de usar chapéu. E olharam para trás e disseram: "Por que mesmo usávamos chapéus...?") Em resumo, a moda mudou.

Mas o fim da era vitoriana (que, se não foi mais repressora, com certeza foi culturalmente mais rígida) afrouxou emoções que na época deveriam, e ainda hoje devem, para que a sociedade funcione de modo saudável, ser controladas e catexizadas para outro lugar.

Não é que os vitorianos baniam o sexo — na verdade, a insistência em separar os sexos, a rígida observação do modo de falar e o verdadeiro acolchoamento das formas femininas fazia com que o sexo estivesse diante dos olhos e na cabeça o dia inteiro —, mas sim que controlavam o endosso da expressão educada do sexo e da sua indulgência. Em suma, eles tinham regras.

Bem, tais regras podiam ser obedecidas ou não, mas a presença de regras (que somente poderiam ser ofendidas sob risco de vergonha, culpa, condenação e censura) garantia uma uniformidade de comportamento que dispensava o indivíduo de um autoexame perturbador e constante. Ou seja, as regras eram claras e restava às pessoas apenas decidir se iriam obedecer a elas ou não.

O enfraquecimento dessas regras (que começou no fim da era vitoriana e persistiu até os anos 1960) deixou e deixa os indivíduos bastante confusos no quesito sexo. (Basta pensar no índice de divórcios, na taxa de gravidez na adolescência, na depreciação do homem pelas feministas, no declínio da taxa de casamentos, no debate sobre casamento homossexual, aborto etc.)

O desejo humano por sexo é uma constante. Isso não mudou. Porém as regras foram afrouxadas e surgiu o caos, dando origem à prevalência de terapias individuais, terapias de casal, grupos de homens e de mulheres e uma enorme quantidade de blá-blá-blá.

Na Europa, a era vitoriana foi uma época de relativa paz. Seu fim, e a consequente rejeição da doutrina da legitimidade e do império, levou a um século de guerras.

O fim da era vitoriana, conforme notamos, também nos deu Stanislavski e Tchekhov, que, contemporâneos de Freud e simultaneamente a ele, rejeitaram o formalismo vitoriano e começaram a buscar novas e até então insuspeitadas explicações para o comportamento humano.

Novos dramaturgos, atores e diretores, que anteriormente e ao longo da história se preocuparam apenas com a *forma* (onde se posicionar? Quando falar? O que dizer?), agora rapidamente se tornavam preocupados acima de tudo com a motivação.*

Vemos isso nos dias de hoje, quando camaradas esclarecidos do teatro, crentes de que estão ali para investigar seus personagens, espojam-se semanas a fio tentando não ensaiar a peça, mas inventar ou descobrir a maneira correta de conduzir um ensaio. (Pense no casal tão confuso quanto ao comportamento correto em um encontro amoroso quanto sobre o objetivo em si desse encontro. Isso assemelha-se ao que Tolstoi escreveu em *Guerra e paz*, que os pais contemporâneos concordavam que os velhos tempos de escolher um parceiro para os filhos haviam passado e seria ridículo fazê-lo, era preciso agir segundo as novas maneiras — mas ninguém sabia quais eram essas novas maneiras.)

Assim, os casais que se cortejam inventam rituais (um dos quais é o abandono ritual da mulher cortejada

---

*Ver também a migração desse impulso para os tribunais, cuja preocupação corrente com a infância dos criminosos teria sido incompreensível para as épocas anteriores, para quem a culpa e a punição deveriam ser determinadas com base nos fatos.

pelo homem depois de os dois fazerem sexo). Da mesma maneira, os ocupantes da sala de ensaio, em busca da forma, na ausência do exequível e na presença do amedrontador (pois acaso não estão eles se lançando à exploração da natureza humana?), espontaneamente inventam aquilo que, em sua inutilidade, pode ser comparado à máquina de banho.*

O teatro, no processo de transição do velho conhecido para o novo inimaginável — livre, mas amedrontado —, inventa uma formalidade nova e reconfortante: sua máquina de banho é o interesse pelo "personagem".

Caso se retirasse das escolas, dos textos e da sala de ensaio a menção ao personagem (a máquina de banho), a única mudança seria que a profissão se tornaria mais agradável, e o processo de criação mais imediato e menos incômodo, exigindo menos esforço e menos da assim chamada preparação.

A maioria dos diretores e professores ganha a vida descrevendo ou refinando a máquina de banho. O indivíduo mais sábio logo perceberá o anacronismo e simplesmente o descartará.**

---

*Muitos, talvez a maioria, que sonham com uma carreira nas artes vão desistir não por causa dos obstáculos previstos e bastante enaltecidos — a crítica, a incerteza de trabalho, os rigores do ofício, a inconstância do público, a possível falta de talento —, mas porque não se adaptam a uma vida de autodirecionamento. A pergunta aterrorizante para eles não é "Como posso servir ao meu ofício?", nem mesmo "Como posso ganhar a vida?", mas sim "O que deveria fazer hoje?". Um bom primeiro passo talvez seja a eliminação racional de tudo o que seja supérfluo: para ir nadar não é necessário um cavalo.

**A preocupação com o personagem pode descrever atributos de um ser fictício, atributos que o (bom) dramaturgo se esforçou imensamente para extirpar de

Quando alguém está falando francês, não se pergunta no meio da conversa: "Como é mesmo que se conjuga o verbo *ser* na terceira pessoa do plural?"

Apelar para tais interações numa peça em que avançaríamos rumo à espontaneidade em detrimento da mente consciente e analítica é, similarmente, uma estupidez desnecessária. É a máquina de banho.

A água, contudo, continua aí, e é possível entrar direto nela. Não é preciso nenhum equipamento a não ser o *insight* e a coragem de perceber que não é preciso nenhum equipamento.

---

seu texto, pois sabe que o público não está nem aí para isso. O público só está aí para o que vai acontecer em seguida. Quanto melhor o dramaturgo, menor a quantidade de narração.

Portanto, a preocupação com o personagem pode ser comparada ao diálogo encontrado nas obras dos grandes vitorianos da série *Monty Python's Flying Circus*. Em *A vida de Brian*, um bando de cristãos é guiado para a execução. Um centurião está diante de duas portas. Numa delas lê-se crucificação e na outra, liberdade. Os condenados dão um passo à frente, e pergunta-se a cada um deles: "Crucificação ou liberdade?" Todos respondem "crucificação", mas um deles responde "liberdade". O centurião comenta: "Ah, que bom, isso é ótimo. Bom, pode ir então." O condenado diz: "Estou só brincando. Na verdade é crucificação", e caminha para a sua morte.

A ARTE DA ENCENAÇÃO E DA
DRAMATURGIA TEATRAL

Em toda organização de trabalho existe uma diferença entre o modo como as coisas são descritas no balcão de atendimento e o modo como elas realmente acontecem na linha de montagem. O recém-empossado segundo-tenente, se sábio, vai ficar na sua, calar a boca e prestar atenção ao velho sargento.

A tradição judaica definiu a interação do aprendiz da seguinte maneira: encontre um rabino, obedeça ao que lhe ordenar e não faça perguntas. Esta última parte, para mim, é a única melhoria possível no sistema socrático: pois aí o aluno não apenas responde como também faz suas próprias perguntas.

A arte da encenação e da dramaturgia teatral só pode ser aprendida no palco, diante de (como dissemos antes) um público pagante. Pois, como na maioria das coisas, o trauma do fracasso puro e simples é o estímulo necessário para o conhecimento.

Por que, pergunta-se o ator, esta risada não funciona? Por que sinto a atenção do público se dispersar neste determinado momento? Por que outro ator ganha as atenções e eu não?

A resposta pode ser entendimento falho da peça, mal posicionamento* ou, de fato, falta de talento para a atuação.

E a cura talvez seja a arte da encenação e da dramaturgia. Não estou falando nem de interpretação nem de análise, mas de técnica mecânica e simples. De que forma isso difere da interpretação?

Assim: o cirurgião estuda anatomia e cirurgia na faculdade, no laboratório e na sala de dissecação. Aprende muitas coisas ali, mas talvez não aprenda a verificar duas vezes o número de suturas preparadas antes de cortar, nem a abrir o paciente *rapidamente* a fim de ter mais tempo para se concentrar nos aspectos críticos do procedimento.

O boxeador pode treinar eternamente no ginásio, mas talvez seja necessário adquirir conhecimento nas lutas reais para que aprenda a terminar o round em seu próprio *corner*, de modo que o outro camarada tenha de andar para conseguir descanso.

Os exemplos a seguir talvez não estejam entre os mais elevados em termos de técnica, mas pertencem a uma

---

*O mal posicionamento ou a direção equivocada são coisas com as quais o ator tem de lidar, pois vai encontrar um monte de maus diretores na vida. E terá de aprender a lidar com eles, da mesma maneira como terá de aprender a lidar com atores, produtores e agentes ruins, relaxados ou ineficientes — em suma, com a vida.

categoria superior à dos truques; são sempre praticáveis e melhorarão qualquer atuação e sua recepção.

Sempre gesticule com a mão que está voltada para o fundo do palco. Isso abre o corpo do ator para o público.

Nunca fique em linha paralela ou perpendicular à boca de cena. Tal como no boxe e na dança, isso faz o corpo ficar morto e prejudica sua capacidade de reagir rápido.

Fique em ângulo. As diagonais são poderosas.

Leve a cena embora com você. Sua cena não termina quando você termina de falar nem quando "sai da sala", mas quando está fora do campo de visão do público.

Mantenha os olhos voltados para cima. O público não quer ficar olhando para sua testa. Os olhos, sendo o espelho da alma, são o que o público veio ver.

Não gesticule. Muitos atores gesticulam mais no palco do que lulas drogadas com anfetamina.

Relaxe, mantenha os braços e as mãos quietos; então, se em algum momento na peça você fizer um gesto, talvez o público preste atenção.

TOME SUAS DEIXAS

É praticamente impossível (considerando-se a boa dicção) falar muito rápido no palco. A maioria dos atores faz pausas antes de cada frase. Por quê? Acelere o ritmo. Ninguém está pagando para "ver você pensar".

Fale alto. A amplificação eletrônica contribuiu mais para arruinar o teatro americano do que todos os diretores do bloco soviético juntos. O dramaturgo escreveu as falas para serem ditas em alto e bom som.

O corolário é o seguinte: pronuncie a última consoante. A maioria dos atores, por não ter boa dicção, engole a última consoante das palavras e as últimas duas ou três palavras da frase. Muitos podem achar que isso é ser natural. Mas não há nada de natural em estar no palco. Você está ali para encenar uma peça. Fale com convicção, e fale em alto e bom som. Dizer as últimas consoantes é uma das lições mais importantes da música: terminar a frase. E o corolário, começar a frase: quando for sua hora de falar, fale com convicção. Comprometa-se com a frase, e você se comprometerá com a peça. Basta isso.

Nunca caminhe durante uma risada (seja ela sua ou, que Deus não permita, de outra pessoa). Muitos atores tentarão preencher o que consideram uma pausa estranha (uma risada) tentando atrair atenção para si. É possível fazer isso com um movimento tão sutil quanto virar a cabeça.

O público de uma comédia foi ao teatro para rir. *Deixe que riam.* Fazer qualquer movimento que seja — um leve endireitar da postura, por exemplo — arruína a risada. Não estou pedindo que você vire uma estátua, e sim que relaxe. Nunca caminhe durante uma risada.

E nunca caminhe durante as falas de outro ator. O dramaturgo escreveu as falas para benefício do público. Se você se movimentar, a atenção sairá da fala e irá para o seu movimento. (Talvez o diretor o instrua a quebrar essa e outras regras infalíveis, ou todas elas — quando então você será obrigado a aprender não apenas a arte da encenação e da dramaturgia teatral, mas também da filosofia.)

NUNCA SE DESCULPE DURANTE OS AGRADECIMENTOS

Os agradecimentos não são um medidor de aplausos, mas sim uma forma de reconhecimento do público. Você está ali para agradecer o público por sua atenção.

Muitos atores iniciantes ou ruins usam o momento dos agradecimentos para comunicar ao público que lamentam sua atuação e sabem que deveriam ter feito melhor. Fique ereto, não se remexa sem motivo e faça uma reverência de agradecimento ao público pela atenção. Depois, ao sair do palco, mantenha a cabeça erguida e retire-se com dignidade. A fruição do público de uma peça perfeitamente boa (e de uma atuação perfeitamente boa) pode e será diminuída por sua indicação (por meio da postura relaxada, da cabeça pendente ou de empurrar outro ator para que ele se apresse e saia, de modo que você possa se esconder) de "acho que eu poderia ter feito melhor".

Se poderia ter feito melhor, faça melhor da próxima vez. Seus choramingos para o público não vão conquistar nada, mas talvez diminuam a satisfação do que pode ter sido na verdade uma atuação perfeitamente boa de sua parte e uma noite agradável da parte do público.

O pior sintoma desse tipo de comportamento de desculpa é apanhar alguma coisa. Muitos atores amadores e não poucos atores profissionais sem formação protocolar, ao sair do palco, apanham algum objeto de cena ou item de figurino. Ah, faça-me o favor. Esta não é sua função; é função dos faxineiros. Isso só significa "eu poderia ter feito mais".

Bom, você teve sua chance, e terá outra no próximo espetáculo.

(Observamos esse tipo de covardia também em atores que, num teste, não conseguem sair da sala.)

Muitos atores iniciantes e também vários tarimbados terminam um teste, saem da sala e voltam para apanhar o cachecol, o roteiro, o fox terrier que esqueceram lá. Não faça isso. Se você foi tolo o bastante para esquecer o que quer que seja ali, esqueça, dê a coisa como perdida e assim aprenda a nunca mais fazer isso.

NÃO RIA. NÃO CHORE.

Ninguém vai ao teatro para ver atores chorando ou rindo. As pessoas vão ao teatro para chorar ou rir elas mesmas.

O mais antigo e correto aforisma teatral é: "Se você rir, o público não vai rir. Se você chorar, o público não vai chorar." Isso é tão verdadeiro quanto o nascer do sol. Os alunos iniciantes se cobram "aprender" a chorar e perguntam: "O que eu vou fazer se me pedirem para chorar?"

Descubra. Mas, na verdade, se o diretor "mandar" você chorar, sugiro que leve o pedido para o lado físico e não emocional. Ou seja, se o personagem precisa espirrar, é possível fazer isso sem recorrer a um diálogo interno psiconeurótico consigo mesmo sobre se você "sente" ou não vontade de espirrar. O que impede você de tratar de modo semelhante a indicação de chorar (ou rir)?

Não fique remexendo as mãos, pelo amor de Deus. Ninguém dá a mínima para seu precioso *insight* sobre como o personagem poderia ter brincado com o botão de seu casaco de lã. Quem chama a sua atenção numa festa? A pessoa que fica fazendo coisas interessantes? Ou aquela que tem autorrespeito suficiente para ficar sentada quieta?

SEMPRE LEVE SUA CARTEIRA CONSIGO PARA O PALCO

George Burns disse que essa foi a coisa mais importante que ele aprendeu em oitenta anos no *show biz*.

Tenho certeza de que muitos outros exemplos da arte da encenação teatral vão me ocorrer depois que eu terminar este livro, mas eles serão todos aprendidos pelo devoto sincero da arte que esteja fazendo seu aprendizado nos palcos profissionais. Boa sorte.

IMPERTINÊNCIA

Um diretor fazer algo "interessante" com um texto é pior do que heresia — é impertinência.

Pois, como disse Stanislavski, "não toque nisso a menos que você o ame". O cenário explosivo, a peça levada para o espaço sideral ou para o futuro, todos esses refúgios e disfarces das pessoas sem talento, todos esses embustes fracassam na prova. E a prova é: você ama isso? Você, diretor, cenógrafo, iluminador, figurinista, produtor, apostaria sua alma nisso?

Os rabinos dizem: apenas o sumo sacerdote pode entrar no Templo Sagrado no Dia do Juízo Final. Ninguém mais se arriscaria ou desejaria se arriscar a entrar, pois qualquer pessoa maculada pelo menor dos pecados, tão logo pusesse o pé na entrada, seria fulminada por Deus.

Nós sabemos que os rabinos disseram isso e que você não acredita, mas a questão é: se o Templo ainda existisse, você se arriscaria? Arriscaria sua vida e sua alma apenas para provar sua afirmação de que Deus não existe?

A questão, para o picareta, é ridícula, mas o artista sabe a resposta.

O Templo sempre foi cheio de patrocinadores. Toda geração começa do zero e se inicia com atos simultâneos de criação e rejeição.

O aluno-intelectual, protegido por aqueles que no fim das contas ele está pagando para afagá-lo, pode se dar ao luxo de enveredar por todo tipo de conjeturas e caprichos ao mesmo tempo sem sentido e destrutivos. O verdadeiro devoto à arte, aquele que saiu de casa, vai aprender — se deseja continuar no ramo — a manter a boca fechada, os olhos abertos e a obedecer a seus superiores. Caso queira permanecer, é claro que ele poderá ser exposto a maus exemplos, mas o tempo que ganhará com seu silêncio e sua subserviência poderá ser empregado na contemplação — exercício que de outra maneira sua voz o impediria de realizar.

O FIM DA ADOLESCÊNCIA

Diz o antigo provérbio parental que as crianças nunca ouvem, mas sempre observam.

Os animais aprendem pela observação: o que temer, o que perseguir, como e a quem mostrar deferência ou agressividade.

O último período natural de passagem entre a adolescência e a idade adulta vai dos 17 aos 22 anos — a época dos estudos universitários.

As lições absorvidas são indeléveis* (aqui diferencio o conhecimento obtido na sala de aula, se é que haverá algum, do conhecimento assimilado sem reflexão, a partir da observação dos relacionamentos entre os colegas e entre jovens e mais velhos).

Se absorvermos nessa idade, seja na faculdade ou por meio do treinamento, a crença no aperfeiçoamento da

---

*Considere o seguinte. Ouvimos uma piada que começa assim: "Dois caras vão a um brechó e um deles diz..." Anos depois ouvimos a mesma piada, começando com: "Dois caras vão a uma loja de roupas" e reprimimos (ou não conseguimos reprimir) o impulso de corrigir a imprecisão daquele que está contando a piada.

arte e do artista, seremos duramente pressionados, futuramente, a adotar uma visão mais prática em nossas vidas.

A arte diz respeito à ligação espontânea do artista com seu próprio inconsciente — de *insights* que estão além do racional. Se esses *insights* fossem razoáveis, qualquer pessoa poderia fazer o mesmo, mas não é assim. Apenas uns poucos podem, e eles são chamados de *artistas*.

O único propósito da técnica é permitir que o artista subjugue a mente consciente. A técnica vocal permite que o ator pare de ficar se perguntando se pode ser ouvido ou compreendido. A técnica corporal permite que ele tenha confiança em sua capacidade de se movimentar e ficar parado de modo simples, gracioso e relaxado.* O propósito da ioga e de sua miríade de posturas e ajustes, conforme dizem, é permitir que o iogue se concentre na própria respiração.

O drama é um mistério. É uma exploração (levada a cabo tanto pelo artista quanto pelo público) do inconsciente. Excetuando-se o trabalho feito em cima de ajustes físicos (voz, dicção e fala), a tarefa da peça deve ser realizada pelo dramaturgo — libertando o ator para interpretar. Não existe nenhum "trabalho emocional" ou "preparação" melhor do que a espontaneidade do ator, assim como não há um cenário que funcione melhor

---

*Um amigo das Forças Armadas me explicou que o condicionamento físico olímpico pelo qual eles passam é, basicamente, para permitir a liberdade de pensamento — de forma que, diante de um obstáculo, o consciente e o inconsciente se vejam livres para pensar "De que maneira será melhor transpô-lo?" em vez de "Não vou conseguir superar isso de jeito nenhum".

para a encenação do que o palco nu e uma direção que seja melhor do que o silêncio.*

Diante da tentação, a Bíblia nos adverte a fugir.

O que aconteceu em Chicago? No final dos anos 1960 e nos anos 1970 um bando de jovens começou a encenar peças. Estávamos amadurecendo em uma era de abundância. Havia muitos empregos subalternos, trabalhávamos durante o dia e fazíamos uma vaquinha com nossos salários para montar as peças. Nós nos incentivávamos, trabalhávamos nos teatros uns dos outros e nos sentíamos inspirados a escrever, dirigir, produzir e planejar os espetáculos uns dos outros.

Não ganhávamos dinheiro com a apresentação das peças (nossa aspiração mais fantástica era haver um mês em que a receita pagasse os custos de produção), e não havia nenhuma fama além do reconhecimento do público (em geral a vizinhança). Havia tempo (estávamos nos divertindo como nunca, o que mais haveria para fazer?) e o espaço era barato (o preço dos aluguéis era baixo e havia áreas de transição, não exatamente favelas, mas espaços que ainda não tinham sido gentrificados).

Em (Fora de série), *Outliers* Malcolm Gladwell escreve sobre as condições necessárias para a proficiência. Uma

---

*A maior parte da assim chamada direção é apenas a reiteração do texto. O texto diz: "Eu te amo", e o diretor diz: "Veja bem, aqui ele está expressando os seus sentimentos." Como se o ator fosse incapaz de ler.

delas é dez mil horas de prática (os Beatles tocaram milhares de horas a fio em Hamburgo; o jovem Bill Gates passava todo o tempo no computador de sua escola). E foi isso o que aconteceu em Chicago: passamos anos encenando peças continuamente. Assim aprendemos não apenas as manhas do palco (falar alto, ficar ereto e parado, além de produzir e escolher ou escrever uma peça interessante o bastante para sustentar o interesse do público), mas também as lições da administração teatral: como anunciar, quanto cobrar, como manter um espaço, como divulgar, como planejar. Foi preciso que aprendêssemos, porque não havia mais ninguém ali além de nós — uma experiência inestimável e uma verdadeira formação, pois quando a sobrevivência depende disso, não é preciso ver nada duas vezes. (O aluno de faculdade ou outro indivíduo do ramo teatral que seja de alguma maneira subvencionado pode defender — para si mesmo, seus professores ou o público — o texto ou a encenação de uma peça cujo valor teórico pode, teoricamente, ser enorme, mas cuja capacidade de entreter é irrisória. No teatro de verdade, se o público não dá as caras você já era. Ou você descobre o que aconteceu e tenta outra vez ou então volta para a faculdade de direito.)

Joe Mantegna, Meshach Taylor, William Petersen, William H. Macy, John e Annie Cusack, Lonnie Smith, Laurie Metcalf, Dennis Franz, Dennis Farina, John Malkovich, Linda Kimbrough, Mike Nussbaum, Gary Sinese e eu fizemos parte do fenômeno do teatro de Chicago. Colocamos pouca intelectualização (preconceitos) no processo e assim nos vimos razoavelmente desimpedidos diante da análise dos fatos: a comunidade havia dito "se vocês me interessarem, eu aparecerei" e, portanto, nos esforçamos para isso.

Tínhamos juventude, força e exuberância, e não havíamos sido estragados pelo mau treinamento, ou seja, pela busca do momento, do ritmo, da fala e da atuação perfeitos. Tivemos o privilégio de fazer o que qualquer pessoa que trabalha no *show biz* faz desde o início dos tempos: fugimos para o circo — e de lá não arredaríamos o pé. Que divertido.

SUBVENÇÃO

Uma plateia de assinantes é uma plateia terrível. Quase inevitavelmente está emburrada. Por quê? Porque foi arrastada para fora de casa. Esses assinantes não são frequentadores habituais do teatro, embora possam voltar a ser, sob diferentes circunstâncias; são caçadores de ofertas a quem foi vendida uma pechincha. "Seis peças pelo preço de cinco" parece uma boa ideia na hora, mas na prática funciona como um restaurante do tipo bufê, no qual uma pessoa só pode ter certeza de que está fazendo valer seu dinheiro comendo até enjoar. O "coma-à-vontade" é uma isca; à medida que o cliente consome o que está disponível, reconhece isso, e cada bocado, à medida que ele se aproxima da saciedade, o faz se lembrar de que foi enganado.

O esquema de seis peças pelo preço de cinco recompensa o caçador de ofertas quando ele assina o cheque, mas o castiga quando vai se aproximando o momento de se apresentar nos recintos teatrais. Pois ele, antigamente, só deixava sua casa para ir ao teatro com um sentimento de empolgação — para assistir a uma peça nova e alardeada (pela imprensa ou, ainda melhor, pelos amigos) como imperdível. Essa necessidade de aventura era e é uma parte deliciosa da experiência teatral. É romance, e o frequentador de teatro se apresenta exatamente como se apresenta o feliz cortejado no primeiro encontro: aqui estou, me satisfaça. Mas não o assinante que está com seu ingresso na mão. Não. Esse fez planos com certa antecedência; não havia nenhum romance para começo de conversa, apenas a aceitação baixo nível de uma pechincha moderada. Pior, agora a hora chegou e ele não está no clima. Como eu sei? Porque "o clima" é feito de novidade, de desejo pelo que é raro e da necessidade de aventura. A decisão de ir foi tomada há muito tempo; portanto, não existe nenhuma aventura. E quão raro pode ser algo que deve ser apregoado como "desconto de 15%"? Não, o assinante foi trapaceado e sabe disso. Preferiria ficar em casa e exercer seu direito divino de decidir como passar a noite. Mas ele vendeu esse direito por uma ninharia. Ele aparece no teatro emburrado e emburrado permanece. Não relaxa; a mediação mágica do preço do ingresso ocorreu tempos atrás e, caso seja lembrada, será com arrependimento. Ele vai se sentar com ar julgador durante o espetáculo, aplaudir apenas contrariado e envergar seu rancor durante todo o trajeto de volta para casa e durante todo o resto da noite — esse rancor é agora seu único prazer, e mais ainda, ele pagou por esse privilégio. Não. Não. Não. Plateia de assinantes = plateia ruim. Ela é a amada cria dos administradores, pois, para eles, as assinaturas fazem sentido inegável. O que pode ser melhor, raciocinam eles, do que receber o dinheiro adiantado e colocá-lo no banco, evitando assim o risco de que uma peça insatisfatória afunde a empreitada teatral? Porém esta é a natureza da empreitada teatral: se o público não aparece, a peça tem de sair de cartaz; pois como um teatro pode se sustentar se a administração insiste que um espetáculo que não traz o retorno esperado continue em cartaz? A única plateia que continuará a bancar tal teatro foi entorpecida, subornada, e se esqueceu da essência da troca, que é a possibilidade de se entreter. Ela vai ao teatro não para ser entretida, mas sim — nas comunidades leigas — da mesma maneira como vai ao dentista, porque "é bom para elas", e, nas comunidades universitárias, para exibir resistência profissional à sedução plebeia do simples entretenimento, e seu lema, o apoio stakhanovista à "cultura".

As assinaturas são a barganha do diabo. Para os empregados, elas pagam o aluguel, mas, assim como os protege do risco, priva-os da empolgação de uma plateia de verdade, animada e viva.

O subsídio do governo funciona de modo semelhante. Dinheiro é ótimo; e o desejo de se sustentar é um bom estímulo para o sucesso teatral, tal necessidade é um incentivo inestimável. Então por que não aceitar dinheiro do governo? Eu aceitei. Ganhei uma bolsa, quando era escritor iniciante, do New York Council on the Arts. A bolsa era de US$ 4 mil, cerca de oito vezes mais dinheiro do que eu jamais vira na vida. Ela me sustentou durante um bom tempo, e fiquei, e ainda fico, de certa maneira agradecido ao estado de Nova York, e eternamente em dívida com o administrador artístico que dobrou cada uma das regras para colocar o dinheiro no meu bolso. E minhas peças foram produzidas tanto aceitando o financiamento do governo quanto o financiamento dos assinantes. Mas, puta que eu sou, depois de ter aceitado e gastado o dinheiro, vou relatar o que vi.

As bolsas e prêmios vão, logicamente, para organizações de artes que têm tanto um histórico de sucesso artístico (critério subjetivo) quanto de longevidade (critério objetivo). As bolsas, então, não vêm e em geral *não podem* vir nos momentos de maior necessidade — nos períodos iniciais da vida produtiva do indivíduo ou da organização. Elas parecem vir, quando vêm, mais ou menos no momento em que o organismo já não precisa mais delas (ou seja, quando se torna viável — isto é, "tarde demais"). Bom, antes tarde do que nunca, dirá você, o que é verdade e aborda o critério objetivo. Mas e o outro critério? Quem é que *recebe* a bolsa? Elas são concedidas por comitês, e seus membros são escolhidos por outras comissões. Deve haver, então, um consenso, ou seja, conciliação, escolhas. (Como poderia ser de outra forma? Não poderia.) Mas acaso as organizações artísticas que vão atrás de bolsas e prêmios não se formam e/ou se apresentam de forma calculada para obter a aprovação daquele comitê específico? Fazer diferente seria tolice; e para isso a organização artística deverá reformular a si mesma e assumir a forma de um comitê de pleiteadores de bolsas e prêmios. E o que ela era antes? Antes (pobre, malformada, recém-nascida, em dificuldades), ela era um grupo comandado por um líder. E esse indivíduo, quem era? Era a força (autor, diretor, ator, cenógrafo, ilumina-dor, figurinista) cuja visão compelia e dirigia as energias do grupo. Essa pessoa, nos idos tempos, era conhecida como diretor e era *de fato* o diretor. E ele conservava sua influência por causa da visão que tinha, enquanto ela — expressa em termos práticos — parecesse empolgante e certa para o resto do grupo.

Tais termos práticos eram: "Faça esta peça, faça isso e aquilo, fique aqui, pinte aquela parede de vermelho, diga a fala assim" etc. A visão do líder — em geral não dita totalmente, mas em certo nível compreendida — era considerada bela pelo grupo e, nas apresentações, considerada bela pela plateia. E assim o novo teatro prosperava. Com isso, primeiro atraiu neófitos, depois bajuladores, e por fim o pessoal de apoio.

No início, esses profissionais de apoio eram chamados de assistentes de produção, ajudantes-gerais, auxiliares; mais tarde, de equipe de produção; e por fim, como diz na Bíblia, "Virá o tempo em que vós desejareis eleger-vos rei". A equipe de produção, à medida que o teatro pros-perava, buscou apoio e direção não para os *artistas*, mas sim para os seus próprios *iguais,* e elegeu um novo rei, chamado de diretor administrativo.

Antigamente, a tradição, o costume e o bom senso ditavam que um teatro só poderia ter um único chefe, mas agora ele tinha dois. E o novo diretor administrativo, com um título equivalente ao do diretor, tornou este último supérfluo. Pois o que fazia o diretor administrativo estava claro; ele administrava. Porém isso antes era o trabalho do diretor simples da velha guarda, cujo título, portanto, foi mudado para diretor artístico — e a criança passou a ter duas mamães. Agora, em lugar de um todo coerente, temos um comitê. Esse grupo, para aumentar ainda mais a monstruosidade, tem dois chefes, e, como sabemos por experiência própria, um comitê com dois chefes tem apenas (declaradamente ou não) um único chefe, e será aquele mais qualificado para funcionar dentro dessa estrutura.

O diretor artístico (ex-diretor) tinha ou tem uma visão, mas ela é difusa: por que montar esta peça e não aquela? Por que pintar a parede de vermelho e não de amarelo? Ele é incapaz de responder, e portanto será derrotado no comitê. Mas as decisões, ruminações e orientações do diretor administrativo são quantificáveis: uma plateia de assinantes garantirá renda, da mesma maneira que uma bolsa do governo, assim como a divulgação inteligente do conteúdo da peça ou da temporada para um público mais amplo (por que excluir qualquer plateia em potencial?). Esse diretor administrativo e seu eleitorado são a única parte da organização que tem qualificações para promovê-la. Não apenas eles se darão bem no comitê como também as escolhas que fizerem em termos de distribuição e uso das verbas angariadas pelos seus esforços serão direcionadas para o institucional.

Note mais uma vez: o dinheiro, na mente deles, entrou no caixa não por causa da excelência dos espetáculos, mas pelos esforços da equipe administrativa. O emprego óbvio da verba arrecadada, portanto, será para o aumento da equipe administrativa.

Nesse ponto vemos o nascimento e crescimento de diversos programas: jovens públicos, diversidade, ampliação de alcance popular, escola de teatro e por aí vai.

Que dizer do diretor artístico (ex-diretor)? Bom, ele muito provavelmente ou pedirá as contas ("O que aconteceu ao meu teatro?") ou será substituído pelo administrador em concerto por um conselho criado por ele próprio — e formado, por necessidade, de executivos que tomam decisões administrativas. Pois ainda que a tarefa do artista seja criar, a tarefa de uma instituição é continuar existindo.

O teatro perfeito, o Grande Teatro, brotará espontaneamente do desejo insaciável de um indivíduo, ou de um pequeno grupo, de levar suas visões para o palco. Caso tenha êxito, atrairá as próprias forças que, no fim, levarão a sua destruição. Mas enfim, como todas as formas de vida orgânicas, ele não foi projetado para durar para sempre.

DOIS PROFESSORES

Duas vezes tentei ensinar a escrever. Uma foi em Yale, nos anos 1970, na Graduate School of Drama; a outra foi na sala de roteiristas de um programa de televisão. Fracassei em ambas as vezes. E me perguntei o porquê.

As regras da dramaturgia, do modo como eu as entendo, não poderiam ser mais claras, e qualquer um que desejasse aprendê-las, assim pensava eu, as seguraria com força contra o peito, chorando de gratidão, e correria em busca de papel e caneta. Mas não. As regras, percebi depois de muitas tentativas, não eram o problema. O problema, óbvio, era o professor.

O jiu-jítsu é uma bela arte. Não pode ser ensinado por meio de um livro, pois deve ser demonstrado por um professor. Só pode ser aprendido por meio de repetidas tentativas de aplicar as técnicas demonstradas num oponente, que claramente preferiria que você não o fizesse.

A medicina, de modo similar, pode ser estudada em palestras e livros, mas só pode ser aprendida por meio de tentativas de aplicar a técnica em seres humanos reais, vivos e complicados, cheios de preocupações e confusão, e cuja vida e felicidade estão na balança.

Quem são os corretos professores de escrita? Existem dois.

Está escrito no Alcorão: o Profeta deixa dois professores, um que fala e um que permanece calado. O professor que fala é o Alcorão, o que se cala é a morte.

Do mesmo modo, o dramaturgo tem dois professores: o que fala é a plateia.

Os melhores planos podem ir por água abaixo. E toda a segurança, o talento e o trabalho do mundo podem e serão anulados pela plateia.

Isso não significa que a plateia dirá "Odiei" a respeito de uma obra amada, pois isso é algo que pode acontecer independentemente do sucesso artístico da obra (e na verdade em tributo a ele), mas que o momento, a *gag*, a reviravolta, a transição, o encerramento do ato, a surpresa etc., por mais que tenham sido teoricamente bem construídos, talvez não funcionem.

Destes a plateia (antes de sair do teatro e colocar seu sábio chapéu de crítico, como fazemos você e eu) é o único juiz. Se a plateia não riu, não tinha graça. Se não conteve a respiração, não era surpreendente. Se não se sentou na frente do assento, não tinha suspense.

A plateia vai ensinar ao dramaturgo, pois seu julgamento, momento a momento, é o único teste que existe.

Se a plateia dormir, a peça já era, não importando se ela "engrena" na cena seguinte.

Nisso o dramaturgo é como o cirurgião, cuja técnica, por mais admirável que seja de um ponto de vista abstrato, deve ser julgada primeiramente sob o critério da sobrevivência ou não do paciente.

Este é o dilema da escola de teatro. A música e a dança podem existir independentemente do público, cujo retorno, ainda que seja importante, não é essencial para o espetáculo. Mas os atores no palco, diante de uma plateia de pagantes, aumentam o ritmo, se reorganizam e reinventam a peça constantemente em resposta a um organismo vivo: a plateia daquela apresentação específica.

A plateia, na verdadeira troca teatral, precisa ter duas qualificações: (1) deve ter vindo para ser entretida e (2) deve ter pagado o ingresso.

Se o público for subornado (ou seja, se estiver sob influência de qualquer outra coisa que não seu desejo de ser entretido), não poderá participar da troca teatral. A plateia abdica de sua racionalidade, tal como a criança que ouve uma história para dormir, em resposta à promessa de entretenimento. O professor, o crítico, o juiz de competição, os estudantes reunidos assistem ao espetáculo com o intuito de julgar, e portanto sua opinião, seja de determinado momento da peça ou da obra como um todo, não tem nenhum valor.

A plateia deve ser formada por pagantes.

Por quê? Para permitir que as forças mágicas operem.

O mágico agita a varinha e a moeda desaparece. Se ele não a agitasse, o público poderia corretamente supor que a moeda está na outra mão (como de fato está). Porém a varinha indica a intervenção de uma força poderosa o bastante para suspender as operações do mundo como nós as conhecemos. A frase "era uma vez" opera exatamente da mesma maneira — assim como, de forma menos intensa, mas mesmo assim real, a frase "meus companheiros americanos".

As frases mágicas induzem a plateia a se autossugestionar quanto à existência de forças de outro mundo.

O preço do ingresso é um sacrifício que dá direito à plateia de ter esse deleite.

A plateia precisa ser formada por pagantes. O ato de pagar faz com que as pessoas passem de críticos a consumidores de direito. No ramo dos carros, ensina-se que "ninguém entra numa concessionária a menos que queira comprar um carro". O equivalente a entrar na concessionária é pagar pelo ingresso.

O público que vem para ser satisfeito e que paga para ter esse privilégio vai extrair da peça o deleite a que tem direito. Se a peça não for deleitável, ele vai ler o programa, dormir ou ir embora.

Assim, o dramaturgo sábio irá *observá-lo* e aprender com suas reações espontâneas e viscerais: será que a cena está longa demais, pouco clara, ambígua? Será que a piada está vindo um pouco antes ou depois do que deveria, ou tem uma sílaba a mais que o ideal? A plateia a antecipa, se importa? Ora, assim como o público precisa pagar, o dramaturgo também precisa, pois "experiência é o nome que todo mundo dá para seus erros".

O que o dramaturgo paga? Ele arrisca a boa opinião a respeito de si mesmo. Aposta seu amor-próprio no sucesso da peça e em suas diversas reviravoltas, estrutura, ritmo e *gags*. E, quando fracassa, quando a plateia lhe nega não sua aprovação, o que já é algo bastante ruim, mas sua atenção, o dramaturgo sofre o calor da vergonha e jura que jamais, *jamais* se sujeitará a isso novamente. Esta é a lição do professor que fala.

O professor que cala é a página em branco.

UMA CULTURA DA CONFISSÃO

O que é a culpa, senão o desejo da punição?

— RUTH WISSE

A maior parte do que acontece em um treinamento de ator é um exercício de confissão. No assim chamado Método, o aluno é orientado a encontrar acontecimentos de sua vida parecidos com aqueles que o personagem vivencia no texto. O aluno é então incitado a explorar essas emoções da vida real diante do professor-diretor, a fim de se aproximar do personagem. (1) Ótimo. Mas não existe personagem. Existem apenas palavras numa página. E (2) Quem quer ir ao teatro para ver gente chorando?

Qual é a origem desse desejo pela assim chamada verdade emocional? É a psicanálise. No teatro ou no estúdio, o diretor-professor do Método assume o papel do psicanalista e convida o sujeito a se confessar. O suposto objetivo da confissão na psicanálise, assim como na interpretação stanislavskiana, é libertar-se das inibições e, assim, aumentar a capacidade de lidar, feliz e contente, com o que se tem nas mãos (a vida ou a peça).

Mas nem a psicanálise nem o Método funcionam de verdade. Ambos são modelos interessantes para compreender o comportamento humano, mas na prática nenhum deles dá muito certo. Pois a pergunta em cada um é: "E agora?" O analisando que finalmente percebe que a causa de sua infelicidade era sua mãe superprotetora e a atriz stanislavskiana que descobre que a cena da loucura de Ofélia não é muito diferente da vez em que seu gatinho morreu ainda assim têm de lidar com isso — a vida ou a peça. A pergunta, para ambos, é: "E agora?"

Tanto a psicanálise quanto o Método liberam o sujeito da necessidade de ação. O ator, em seu estado natural, estudará para interpretar a peça, e qualquer análise ou cogitação que não seja feita para esse fim será entendida (corretamente) como perda de tempo. Mas o ator stanislavskiano é dispensado dessa sensação de urgência que o desejo por uma carreira de verdade no ramo da interpretação pode trazer, e em seu lugar lhe é oferecida... a culpa. A culpa aparece como a sensação de não ter feito o bastante ou não haver entendido ou se submetido à experiência emocional de modo suficientemente profundo — a culpa é sentida como a impressão de "sempre ter de fazer mais"

Bem, a resposta aqui, simplesmente, é mais estudo e dedicação à ideia da compreensão emocional, ou seja, mais treinamento e ensaio. Observe que, no espetáculo de verdade, em algum momento os atores e o diretor param de ficar vadiando e vão de fato ensaiar a peça Ou seja, eles decidem onde ficarão e quando vão se movimentar (reminiscência da mágica teatral que só é alcançada porque o texto trabalha heroicamente contra as boas ideias dos atores).

O analisando que mofa no consultório do psicanalista está dispensado de responder à pergunta: o que
eu realmente quero e o que estou disposto a fazer para
consegui-lo? O mesmo vale para o ator viciado no método
de Stanislavski. A pergunta libertadora é: o que o personagem quer e o que eu (simulacro dele) estou disposto a fazer
para consegui-lo? Isso faz com que a pessoa saia do divã e
da sala de ensaio, enquanto o culpado toma para si todas
as desgraças do mundo e, ao fazer isso, ao mesmo tempo
desculpa-se e engrandece a si mesmo e a sua inatividade.

Notamos o mesmo em boa parte do pensamento
liberal contemporâneo: tudo está sempre ruim, e o fato
de o sábio liberal estar ciente disso faz com que ele de
alguma maneira seja mais digno do que quem não está.

Na verdade essa pessoa digna não faz nada para aliviar
as desgraças que afirma perceber (o aquecimento global,
a fome, a pobreza, a injustiça social), achando que a mera
declaração dos fatos já é uma prova de valor mais do que
suficiente. Esse é o significado das vigílias com velas, das
"passeatas em prol de" e dos shows beneficentes, que, como
os banquetes de caridade ao longo da história, não passam
de uma celebração da excelência de seus organizadores.

A transformação da culpa em *commodity* tanto na psicanálise quanto no Método ocorreu na mesma época — no
final do século XIX —, com Freud e Stanislavski, na Áustria
e na Rússia, respectivamente. Cada um deles reconheceu
que o ser humano toma decisões com base em uma ima-
gem interna (inconsciente) do mundo, e que, por meio da
observação das ações do indivíduo que de outra maneira

são incompreensíveis, é possível determinar as suposições nas quais tais ações se baseiam. Ótimo, mas a clientela da psicanálise, tanto naquela época quanto hoje, em geral é formada de gente mimada, empanturrada e egocêntrica que simplesmente substitui, por algumas horas, a autoindulgência do divã pela autoindulgência do mundo. Esses consumidores reconheceram que uma melhoria de seu estado traria o fim dessas felizes horinhas semanais devotadas à expressão máxima da autoindulgência.

Mas, como para o analisando seria inconveniente admitir que o tempo passado no divã foi entretenimento, ele o chamou de trauma e se culpou pela incapacidade de ser completamente sociável. Ele descobriu o prazer da culpa. O mesmo ocorre com o ator stanislavskiano, que não apenas sempre poderia fazer mais como também jamais vai se mexer (interpretar) antes de enxergar o caminho de modo completamente claro (em geral, nunca).

Outra vertente da descoberta da vida interior foi o comunismo. Tendo chegado à maturidade no início do século XX, como seus companheiros de opressão, o comunismo explorava a confissão como ferramenta de recrutamento forçado e controle.

Os indivíduos que juravam obediência às doutrinas do marxismo-leninismo eram regularmente obrigados a confessar para o grupo seus vários pecados de ação e pensamento. Aqueles que não eram suficientemente sociáveis ou mostravam-se relutantes (desejando, na verdade, conservar sua integridade psíquica) acabavam sendo envergonhados, marginalizados ou "corrigidos" até que aceitassem (ou fingissem aceitar) o veredicto do grupo, o abandonassem ou fossem executados.

Pois, aqui, ir mais fundo significava experimentar a culpa. E, tal como na interpretação e na psicanálise, a culpa não precisava vir de ações perniciosas; poderia vir da própria incapacidade de "ir mais fundo".

Mas mesmo que sua mãe não o tenha amado suficientemente ou que o abandono de Ofélia por Hamlet pareça a morte de seu gatinho, você terá de determinar o que fazer a respeito — e depois *fazê-lo*. A culpa, na vida ou naquela parte especial da vida sobre o palco, é inútil: que proveito ela traz além da sensação falsa de estar dispensado de agir?

Os comunistas mostraram bem cedo que haviam criado um estado de servidão envolto no assassínio em massa. No palco e no estúdio, o vício pela confissão deu origem a gerações de atores e de peças péssimos. Os dramaturgos e os atores contagiavam uns aos outros. Se a peça não contém ação nenhuma (não há desejo do personagem de atingir um objetivo fora de si mesmo), o ator jamais precisa dar conta do que tem a fazer, falar alto e bom som e liquidar o assunto. Se os atores são especialistas tarimbados na autoanálise (chorando ou corajosamente sem chorar), bem, então os dramaturgos podem muito bem escrever para os pontos fortes deles.

Tchekhov era um gênio. Suas peças não eram exercícios de confissão, e sim comédias. Quando os personagens conversavam sobre a beleza inefável dos vaga-lumes e coisa e tal, Tchekhov estava escrevendo sobre a piada da natureza humana, vítima da autoilusão, e não sobre a primazia do banal.

Marlon Brando era um gênio, mas ao assistir a suas performances vemos um ator interpretando um personagem que deseja algo — o cerne de Brando não vinha da análise profunda de seus próprios sentimentos, mas de sua estranha natureza essencial de ser humano. James Dean, contudo, era só um ator ruim com muita cara de pau. Olhar qualquer um dos dois e sentir culpa por não estar olhando com profundidade o bastante para ser como eles é uma perda de tempo absurda.

A culpa é uma ferramenta magnífica para o controle social — a esquerda cometeu monstruosidades (tanto no exterior quanto aqui nos Estados Unidos) convidando os indiferentes primeiro a aceitarem um sentimento de culpa e depois a se livrarem dele por passe de mágica. A culpa conservou gerações de estudantes de interpretação em aulas das quais eles jamais emergiriam para fazer asneiras no palco, e manteve atores de verdade falando sobre suas infâncias na sala de ensaio até praticamente o último momento, quando é imperativo dar forma à peça.

As pessoas vão ao teatro para serem deleitadas, entretidas e abaladas. Para serem trazidas de volta à vida, em suma. Isso jamais pode ser feito por quem é motivado pela culpa, pois o culpado deseja reprimir e negar, ao passo que o propósito do teatro é liberar e afirmar. Note a triste prevalência de artistas que dedicam este ou aquele prêmio para uma causa ou outra. Isto nada mais é que uma confusão. O cantor, ator ou músico foi homenageado por sua capacidade de se sair bem, cantar a canção, tocar o riff. Insatisfeito com a obra em si e com a fama ou fortuna que ela trouxe, ele deseja a recompensa adicional de sentir-se culpado. E, tal como o ator que só se interessa pelo próprio umbigo, revela assim não a presença de valor interior, mas uma profunda incompreensão de seu lugar no mundo.

CULTURA TEATRAL

Trinta anos atrás recebi uma bolsa para ensinar dramaturgia na Yale Drama School. Minha experiência nas primeiras semanas sugeriu o que o restante do ano só veio a confirmar: que eu era incapaz de ensinar dramaturgia.

Minha análise ao longo daquele ano foi de que as regras da dramaturgia eram poucas e autoevidentes, e, para aqueles que não percebessem isso, elas permaneceriam para sempre incompreensíveis. Ou seja, um interessado que não pudesse, de modo quase imediato, entender que a narrativa dramática consiste exclusivamente em fazer a plateia se perguntar o que acontece depois nunca poderia ser levado a entender isso.*

Isso não significa que a implementação desse e de outros conceitos básicos seja fácil; não é. Mas essa regra, e suas poucas irmãs, precisa ser, para aqueles verdadeiramente inspirados a aprender, ostensivamente clara.

---

*Ultimamente passei a acreditar que interpretar é como escrever e que ambas as atividades se parecem com nadar. É de pensar que a primeira regra autoevidente da natação seja "não se afogue".

Além dessas poucas e simples regras iniciais, eu não acredito que a dramaturgia possa ser lecionada. Antes eu acreditava no contrário, e passei um bom tempo, ao longo dos últimos quarenta anos, em minhas próprias aulas, nas escolas e companhias com as quais me associei, tentando ensinar interpretação.

Suas regras são poucas e, para aqueles verdadeiramente dispostos a interpretar, óbvias: fale alto e bom som, vire o corpo para a frente (para encontrar a plateia ou a câmera), seja simples. Em suma, como disse Johnny Cagney, "encontre sua marcação, olhe o outro camarada nos olhos e diga a verdade".

Alguém para quem essas regras não sejam óbvias, ou que não esteja inspirado a aprender como implementá-las, não pode interpretar, nem aprender a fazê-lo.

Um boxeador precisa gostar de lutar, um cirurgião, de cortar, e um ator, de ir lá em cima e contar a história. Se o ator não anseia por isso, ele pode se enganar durante décadas utilizando as aulas de interpretação como uma forma de psicoterapia, mas jamais atuará.

Já fazia algum tempo que eu suspeitava que ensinar interpretação era inútil, mas mesmo assim continuei ensinando. Por quê?

(1) Porque eu gosto disso — acho gostoso explicar e demonstrar minhas várias teorias sob o olhar ardoroso e talvez duvidoso de uma sala cheia de alunos e (2) porque houve uma ocasião em que meus ensinamentos pareceram ter sido eficientes.

Refiro-me à Atlantic Theater Company de Nova York. William H. Macy e eu demos aulas de interpretação na NYU vinte e poucos anos atrás. Ao fim do semestre, os alunos indicaram que desejavam continuar os estudos, portanto Macy e eu montamos um curso de verão improvisado em Vermont, e lá se foram os alunos para o norte.

O programa consistia em uma espécie de acampamento militar: acordávamos cedo, fazíamos várias atividades físicas (que devem ter incluído calistenia e dança moderna), passávamos para as aulas de interpretação, de voz e não me lembro o que mais.

De noite, apresentávamos peças. Nos anos subsequentes, além das peças encenadas montamos encenações de rádio ao vivo.

No segundo ano, pediu-se que os alunos escrevessem um livro resumindo as ideias envolvidas no programa. Seis deles o fizeram (*A Practical Handbook for the Actor*), e 25 anos mais tarde a obra continua em catálogo e já vendeu mais de 25 milhões de cópias.

Este ano, a companhia comemorou seu 25º aniversário em Nova York. Uma porcentagem violentamente grande dos integrantes originais continua escrevendo, atuando, dirigindo e produzindo para cinema, televisão e teatro (a porcentagem de alunos de interpretação que acabam de fato seguindo carreira é muito, muito, muito pequena mesmo). Certa vez, cheio de orgulho, acreditei que o sucesso deles podia ser atribuído às ideias estéticas nas quais se baseava nosso programa. Já não acredito mais nisso.

Acredito que aquele que deseja interpretar vai interpretar, e que aquele que deseja fazê-lo melhor aprenderá na prática.

Mas como, então, julgar a saudável longevidade da Atlantic Theater Company e de seus integrantes?

Acredito que o que eu e Macy tentamos estabelecer como implemento para a transmissão do conhecimento (a cultura da companhia de teatro) era o conhecimento *em si*.

Nosso grande filósofo contemporâneo Thomas Sowell escreve em *Knowledge and Decisions* que tanto o conhecimento quanto o tempo são custos em qualquer transação. (Eu não sei como consertar um motor; logo devo pagar alguém que investiu nesse conhecimento. Um par de sapatos pode custar menos do outro lado da cidade, numa loja *outlet*, mas preciso investir meu tempo insubstituível para tomar conhecimento da loja e dirigir até lá.)

As culturas, afirma Sowell, se desenvolvem como meio de reduzir os custos do processo de tomar decisões (em termos de conhecimento, de tempo e de ansiedade).

A imersão em uma cultura substitui uma gama potencialmente universal de escolhas por um modelo específico, que o indivíduo absorve tão cedo e com tanta naturalidade que suas diretrizes já não mais parecem ser uma escolha, e sim apenas o jeito como as coisas são.

O comportamento correto em relação aos mais velhos, mais novos, superiores, familiares, inimigos, amigos, amantes, esposos etc. é basicamente específico de cada cultura.

Não gastamos uma quantidade incontável de tempo ou de energia determinando o que vestir num primeiro encontro ou em uma cerimônia religiosa, ou como expressar condolências, advertências, um pedido de desculpas etc. (Podemos aceitar ou rejeitar essas normas, mas mesmo quando as rejeitamos elas continuam claras: queimar uma bandeira é um reconhecimento irrefutável de sua importância enquanto símbolo cultural.)

Macy e eu, por sermos jovens e entusiasmados, tínhamos gosto em fazer com que tanto nós dois quanto nossos alunos almejássemos níveis cada vez mais altos de dedicação, ou seja, de trabalho.

Entre as lições envolvidas naquela cultura estavam as seguintes: esteja preparado, chegue cedo, nunca reclame, ajude seus colegas, descubra como fazer as coisas — sua capacidade de trabalho é muito maior do que você imagina. Aqueles que achavam essas lições exigentes ou desinteressantes voltavam para casa; os que as achavam divertidas permaneciam.

TERCEIROS

A vida do dramaturgo pode parecer um progresso numa meritocracia, ou seja, em um sistema hierárquico no qual os superiores concedem reconhecimento segundo uma estrutura predeterminada. Mas não é nada do tipo. É fruto da interação não monitorada das partes potenciais de uma transação.

Nenhuma das partes poderia ou conseguiria expressar seus desejos a não ser por meio das operações desimpedidas do livre mercado. (As pesquisas de mercado por amostragem afirmam monitorar os desejos do público, mas as pesquisas em relação aos filmes podem muito bem falhar; e há escritores com uma porção de prêmios e endossos que não conseguem capturar a atenção de uma plateia.)

O público não consegue explicar "o que significa" algo porque esse algo não "significa" nada. O público sabe quando seus desejos são satisfeitos, muito embora não consiga *dizer* o que esses desejos eram ou são.

O dramaturgo pode muito bem expressar quais foram suas intenções, mas ninguém dá a mínima, a não ser aqueles envolvidos no já mencionado sistema hierárquico: professores, treinadores e todos os que desejariam atestar a existência desse sistema hierárquico (críticos). Uma exceção menor é o teatro patrocinado pelo governo (nos regimes totalitários) e seu simulacro (mais benigno, mas mesmo assim congruente), o sistema de assinaturas.

Examinemos o que acontece num curso de dramaturgia/roteiro. Primeiro a pessoa precisa ser admitida no curso. Como faz isso? Demonstrando sua capacidade de atrair e agradar um público? Não. Se ela pudesse demonstrar isso, por que buscaria mais instrução? O candidato aceito apresenta credenciais (experiência acadêmica, prêmios, pontuação em testes de admissão *ad hoc*) e/ou algo considerado pelos juízes como talento ou potencial.

Mas por favor observe que, por mais que esses juízes sejam benevolentes, sábios e tenham visão, eles só podem julgar de acordo com sua sabedoria específica. Não podem avaliar como público, pois não são público mas indivíduos — na verdade, críticos, e pior, críticos de um comitê que precisa estar preparado para defender logicamente suas escolhas e para negociar com aqueles que defendem *seus próprios* preconceitos — os intelectuais; em suma, o oposto do público. Essa hierarquia é incapaz de conhecer os desejos do público. O artista precisa aprender como encantá-lo.

Que dizer das boas ideias do artista? Elas não contam em nada. E de sua posição política e seu bom-mocismo? Contam menos ainda, pois são uma afronta para o público que veio assistir à peça. E seus *insights* maravilhosos?

A isso eu respondo: você já passou uma noite com uma pessoa que está sempre tendo *insights*? O que poderia ser mais tedioso?

O dramaturgo, o roteirista precisa aprender a ter apelo com o público. Como? Observando o que o público quer. Isso precisa ser feito numa atmosfera livre de preconceitos. Ou seja, no mundo real, onde o julgamento é rápido e certeiro, indiscutível e sem recurso de apelação.

Esse público precisa ser formado por pagantes. Não importa se forem 200 dólares por um ingresso da Broadway ou 50 centavos para assistir a sua peça na garagem, ele precisa pagar alguma coisa. Por quê?

Porque então ele se vê no poder de julgar (a tragédia das pesquisas é que elas ignoram a natureza de livre mercado da troca teatral). O público pagou pelo direito de julgar, dura e livremente, por meio da lógica, política ou visão de mundo. "Isso é uma merda." "Adorei." São essas as reações do público. O pesquisador substitui a interação original dramaturgo-público pagando (na verdade, subornando) a plateia com um bem maior, uma propina: abdique de seu direito ao julgamento inarticulado e desfrutável, e eu farei de você alguém superior a todo esse processo e muito esperto — na verdade, você será um crítico.

Será que existe *alguma coisa* que pode ser aprendida na academia? Talvez. É possível que alguém possa aprender observando a diferença entre as reações reais do público durante a peça e as considerações articuladas dos colegas e dos professores depois dela. Mas isso pode exigir um grau de sofisticação alcançável apenas por meio da compreensão do processo real e desimpedido (de livre mercado). (Vocês que estão fazendo aula de interpretação provavelmente aprendem muito pouco fazendo suas cenas na frente da turma, mas podem aprender alguma coisa observando como os outros trabalham.)

O dramaturgo precisa atrair ajudantes, atores e fundos — não da parte daqueles que se interessam por suas manifestadas excelências políticas, sociais, acadêmicas etc. (ou seja, os intelectuais, aqueles *in loco parentis*), mas daqueles que não têm o menor interesse no seu sucesso — e sim no próprio êxito.*

Esta é a essência da troca teatral, e aqui observamos que o teatro é um exemplo perfeito de operação desimpedida do livre mercado. O dramaturgo não tem nenhuma oportunidade de explicar ao ator, investidor ou público: "O que eu quis dizer foi tal." Ele pode apenas oferecer seus bens para venda e ver se alguém os compra. (Às vezes, pode ser que as opiniões daqueles que rejeitam a obra — atores, produtores e diretores — sejam altamente suspeitas, se não forem descartadas de imediato. Por quê? Porque — e aqui estou falando do *show biz* e não da arte — qualquer coisa exceto "ser do contra" é uma perda de tempo; e [isso no âmbito do como-fazer] cada rejeitador terá suas meninas dos olhos ou as próprias

---

*Alguém pode perguntar aos acadêmicos que concedem prêmios a seus alunos por inegável sucesso dramatúrgico: "E agora, vocês vão investir na produção comercial da obra?" Os resultados são previsíveis.

boas ideias; e ao solicitar seus motivos para a "atitude do contra" você comete o erro da pesquisa. Você eleva o rejeitador do nível de legítimo parceiro comercial potencial [convidado a dizer "sim" ou "não"] e permite que ele pontifique sem custo nenhum — uma oportunidade que poucos deixariam passar.)

Que dizer da opinião do público? Seu julgamento desimpedido deve ser levado em consideração, pois a audiência é o reduto de potenciais compradores e, ainda que você possa discordar da rejeição, precisa compreendê-la, senão morrerá de fome. A rejeição não articulada da plateia é a melhor ferramenta de estudo (talvez a única) do aspirante a dramaturgo. Sabemos por que a plateia aceitou este ou aquele trecho ou peça: porque era divertido, era triste, era dramático. Mas por que ela, caso a caso, cena a cena ou ritmo a ritmo, rejeitou a peça?

Geralmente por uma só razão: não tinha dramaticidade. (Note que o professor, o crítico, o intelectual podem elogiar este ou aquele trecho para manter o aluno, para resolver um mal-estar ou para promover ou endossar sua própria filosofia, mas o público não subornado não tem nenhum motivo oculto. Ele aceita ou rejeita a peça, em geral, com base em sua dramaticidade.)

Bom, o que isso significa? Uma coisa apenas: que a tarefa do dramaturgo é fazer o público se perguntar o que vai acontecer depois. Só isso.

Dizer que algo tem dramaticidade significa dizer: "Fiquei com vontade de continuar aqui para descobrir o que acontece depois."

O observador vai aprender (e a velocidade desse aprendizado dependerá diretamente da necessidade que o dramaturgo tem de pagar o aluguel) que, quando o público está envolvido, com vontade de saber o que acontece depois, ele se torna vivo. Quando o público perde o interesse (em geral porque o dramaturgo está expondo suas belas ideias, frases ou cenas), a peça já era.

Pois o público se senta para assistir não apenas com vontade, mas também *determinado* a se divertir, e se divertir significa "querer saber o que acontece depois". Ponto. Não importa o que diga a audiência ou aqueles que clamam (falsamente) serem seus representantes.

O mercador observador — o dramaturgo — pode aprender na única escola em que *é possível* aprender: nos fundos de sua casa, observando a plateia de pagantes assistir a sua peça. Esse é o único local que pode curá-lo de quaisquer boas ideias infelizes a respeito da função do teatro. Qualquer que seja a função do teatro, ela só poderá ser alcançada pela aprovação do público. A menos que o processo tenha se corrompido e esteja sob o jugo de intelectuais, ou seja, aqueles que gostam de impor suas ideias superiores aos iletrados.

Na verdade, portanto, é possível chegar à conclusão de que a única função do teatro é divertir o público. Correto.

Como alguém pode divertir a plateia? Como alguém pode fazer com que ela tente imaginar o que vai acontecer depois? Como se consegue isso? Por meio da estrutura da trama.

Isso é teatro, e essa é a tarefa do dramaturgo. A trama, a estrutura dos acontecimentos, é tudo o que importa para a plateia. A plateia pode não ser capaz de dizê-lo articuladamente, mas a observação sincera (ou seja, pessoal, necessária) da parte do dramaturgo revelará que isso é verdade. (Pense na reunião em que se tenta vender algo: quando os olhos do outro camarada se desviam, a reunião acabou, você perdeu a venda.)

Você ou eu podemos pensar: "Mas e meu talento, minhas ideias? E meus personagens?" e coisa e tal. Mas fique lá nos fundos de sua casa vendo a primeira pessoa do público bocejar (ou pior, levantar e ir embora) e aprenda uma lição. A tarefa do dramaturgo é construir um enredo. Tem gente que escreverá diálogos mais sagazes. Ótimo. Mas perceba que gostamos de peças traduzidas, nas quais não fazemos a menor ideia de como o diálogo era sagaz no original. Por que amamos *Um inimigo do povo*? Por causa do enredo.

Nos fundos de sua casa (e apenas ali), observando sua amada peça fracassar diante do grupo que pagou para vê-la ter sucesso, é que se aprenderá a importância do enredo.

Como alguém aprende a criar estrutura, ou seja, a criar um enredo?

Leia a *Poética* de Aristóteles.

Ali descobrimos que o enredo é a estrutura necessária dos incidentes (isto é, cenas), de modo que o fracasso de cada cena leve o herói na direção de uma nova tentativa de solução do objetivo que foi declarado na abertura da peça.

Há uma praga assolando Tebas. Édipo, o rei, parte para descobrir a causa. Ele descobre, no final, que a causa é ele. A peça acaba. Observe que acaba de uma forma, segundo Aristóteles, tanto surpreendente quanto inevitável. Por que essa peça sobreviveu milhões de anos e por que Aristóteles adotou-a como paradigma? Porque seu enredo é perfeito. O que deve fazer o dramaturgo contemporâneo? Aprender como se escreve um enredo.

Como se faz isso? Escrevendo, revisando, encenando, revisando e começando tudo de novo. Boa sorte.

DA INUTILIDADE COSTUMEIRA
DO PROCESSO DE ENSAIO

Antes do fim do século XIX, as peças não eram ensaiadas nem remotamente de modo parecido com o que reconhecemos hoje.

A companhia era orientada, pelo ator principal, a assumir marcações secundárias no palco, a falar e se movimentar de modo a não distrair a plateia do astro (por exemplo, na ópera contemporânea). Stanislavski relata que, em algum momento dos anos 1880, foi apresentado pelos Meinengen Players a uma concepção diferente de encenação.

Nela, cada ator, tendo um papel pequeno ou grande, era considerado uma parte de igual importância do desenrolar naturalista de uma história humana. Stanislavski aplicou essa revelação de modo notável às comédias de Tchekhov, cuja estrutura se ajusta de modo singular a essa visão.

Como diretor, ele investigou, tal como fez o autor, a psicologia dos personagens, dando a cada um deles uma suposta motivação humana e esforçando-se para comunicá-la aos atores. Na verdade, Stanislavski pensava no personagem (e portanto no ator) como alguém pensa numa figura de romance: dotado de humanidade ilimitada e maravilhosa, e portanto capaz de ser investigado infinitamente.

O famoso (ainda que essencialmente hipotético) sistema de Stanislavski, então, era e é a dissecação dos motivos e das emoções do personagem. Cem anos de atores perderam seu tempo nessa busca sem sentido.

Por que foi perda de tempo? O ator retrata não um personagem de romance, sobre quem nos é revelado este ou aquele fato evidente e que pode nos induzir a fantasiar sobre motivações, caso nosso interesse seja despertado. Não, o papel encenado em uma peça é uma ilusão criada pela presença física do ator que diz as poucas falas atribuídas a ele pelo autor. Fora isso não há mais nada. Não é possível determinar em que escola o personagem estudou, uma vez que ele não *estudou* em escola nenhuma.

Ele não passa de manchas pretas numa página em branco.

O personagem *talvez* tenha ido à lavanderia logo antes de dar as caras no palco, mas ele não existe e não existe lavanderia. Há apenas manchas numa página e um ser humano de carne e osso recitando-as.

O personagem pode de forma discutível ser trabalhado para estar em frenesi, com remorso, pena, ira ou amor, mas o ator precisa tanto estar nesse suposto estado quanto um intérprete de ópera. Uma cantora que de fato estivesse sufocando não conseguiria cantar a *Aída*. Vamos à ópera para ouvir a música, não para testemunhar as besteiradas dos atores principais.

Os atores, como sabemos há muito tempo, apenas precisam aparecer e dizer as falas de modo a obter um resultado semelhante àquele indicado pelo autor, e a plateia vai entender a ideia. Se isso acontecer, o ator não só terá cumprido seu trabalho como também o terá feito da melhor forma possível.

Por quê?

A plateia não veio ver o ator se emocionar, muito menos vê-lo fingir se emocionar. O dramaturgo, usando o máximo de seu talento e capacidade, limou da peça tudo o que não fosse enredo. Todas as gentilezas, caracterizações, explicações, emoções, histórias etc. constituem a marca do dramaturgo amador.

A boa peça consiste nas falas ditas pelo(s) protagonista(s) ao tentar alcançar um único objetivo, cujo anúncio deu o impulso inicial da peça. O ator/diretor resolver estragar a peça inserindo formas engraçadas, emotivas, idiossincráticas ou interessantes de o ator cumprir esse objetivo equivale a desfazer o trabalho do dramaturgo.

Por que o dramaturgo cortou uma história gorda para transformá-la em um enredo magro? Porque sabe que esse é o único jeito de manter o interesse do público. A plateia se concentra no palco apenas para descobrir o que vai acontecer ao herói em sua busca por um objetivo declarado.

Por que o ator/diretor tentou reinventar a roda, transformando novamente um enredo numa história? Porque ele não entende a essência da troca teatral: cortar fora todos os enfeites e fazer a plateia se perguntar o que vai acontecer depois.

Quanto melhor a peça, mais fácil encená-la. Por quê? Uma boa peça é clara. Deixa transparente quem deseja o quê de quem. Sabendo disso, o diretor pode simplesmente dirigir os atores de modo que, cena a cena, suas intenções pareçam evidentes para a plateia. Deixe o ator decorar as falas e estreie a maldita peça.

Não há necessidade nenhuma de investigar as supostas motivações ou emoções dos personagens. Por quê? (1) Eles não existem e (2) a plateia vai descobri-los, à medida que for necessário, a partir do texto encenado.

Por que então essas semanas intermináveis ao redor da mesa? (Observe que, quando chega a hora de realmente encenar a peça — ou seja, de decidir quem vai ficar na frente ou nos fundos do sofá no palco —, a coisa se acelera em duas tardes.)

A resposta remonta a Stanislavski e à contemporaneidade infeliz de seu suposto sistema com a obra de Freud. Assim como os burgueses decadentes de Viena na virada do século XIX animavam suas tardes deitados falando sobre si mesmos e suas fantasias, os atores em Moscou, e desde então no mundo, nos últimos cem anos passaram suas horas de ócio falando sobre si mesmos e a peça.

O ensaio, como é geralmente praticado no Ocidente, é uma forma viciante de terapia de grupo e, como tal, pode ser entendida como: "Vou escutar seu blá-blá-blá tedioso sobre si mesmo por um tempinho, porque em troca você terá a honra de ouvir o meu." É possível debater de modo interminável o verdadeiro poder de compra de um ducado do século XIV em Veneza. Isso não vai ajudar em nada a interpretar Bassânio, mas é agradável ficar ouvindo sua própria voz.

Lee Strasberg, Sanford Meisner, Uta Hagen, Herbert Berghof e Stella Adler eram, em graus variados de consanguinidade, filhos do Group Theatre, que foi o primeiro local americano dos "ensinamentos" de Stanislavski.

O Actors Studio (Strasberg) e a Neighborhood Playhouse (Meisner) ensinavam (e, supostamente, continuam ensinando) uma abordagem essencialmente psicanalítica da interpretação, que, tal como a psicanálise, centraliza no ser. Mas quem quer ver um artista egocêntrico? Ninguém. Então por que essas escolas persistem?

Elas, como o processo de ensaio naturalista, são viciantes, como vimos antes, e uma forma de totemismo. Os atores e diretores se envolvem nelas porque não conhecem nada melhor.

Eles se esquecem de que, ao fim de três semanas de conversa, terão de fato que se levantar, encenar a peça e abrir as portas para a plateia; e lhes falta o *insight* de eliminar o preâmbulo.

Existe outro aspecto da tradição do ensaio como perda de tempo: a confissão mútua.

O teatro americano dos anos 1930, e especialmente o Group Theatre e seu primo, o New Deal's Federal Theatre Project, se viram fascinados em grande medida com o mito do milagre soviético. Muitos dos membros da *avant-garde* eram comunistas ou simpatizantes dessa doutrina. (O próprio teatro de Stanislavski, é claro, depois da revolução floresceu sob o governo comunista.)

Um aspecto essencial do Partido Comunista americano era a confissão em grupo. ("Ross, o acusado, se sentou sozinho a uma mesa na frente do corredor, com o rosto perturbado. Senti pena dele; porém não conseguia deixar de lado a impressão de que ele estava gostando disso." Richard

Wright, em *The God That Failed*, descrevendo a confissão de um membro do partido insuficientemente obediente.)

(Eu me lembro dessas sessões despolitizadas nos anos 1960 e de grupos que foram depois renomeados.)

Aqui, no assim chamado Método, a noção operante é que o ser humano (ou sua performance) é infinitamente aperfeiçoável, caso tenha a coragem de se aprofundar: se o ator conseguir chorar *de verdade* (seja por causa da morte do seu gatinho ou de suas tendências insuficientemente coletivistas), ele se torna mais aceito no grupo (o júri formado por seus pares, o público). Mas o analisando interessado em de fato melhorar seu estado não precisa se perguntar "como fiquei assim?", mas "o que vou fazer a respeito?". Pois nenhuma resposta possível à primeira pergunta diminui a necessidade da segunda.

Da mesma maneira, o ator verdadeiramente interessado em interpretação não precisa prestar atenção à pergunta "como o personagem ficou assim?" (o que ele comeu no almoço? Onde estudou?), mas apenas se perguntar "o que eu vou fazer a respeito?", o que equivale a dizer "o que o personagem está tentando demonstrar?". ("Por que ele está falando?" em vez de "O que ele está sentindo?".)

A resposta para a primeira pergunta pode ser obtida pela simples análise e não precisa envolver nenhuma emoção ou avaliação profunda. Depois disso, o diretor (ou, na verdade, os atores) pode rapidamente dar forma à cena e encenar a peça.

Qualquer outro uso do tempo de ensaio é um vício na perda de tempo.

A FALÁCIA DO DIRETOR

Há cinquenta anos frequento o teatro. Já vi diversas boas atuações e uma quantidade considerável de ótimas atuações. Mas não vi tantas peças bem dirigidas assim.

Por quê?

Considere o seguinte: uma experiência teatral (deixemos de lado *happenings*, multimídias, performances e coisas sem sentido semelhantes) é essencialmente a encenação de um enredo, ou seja, da história de um herói. Se for interessante, vamos prestar atenção, pois a peça é só uma versão especial de história ao redor da fogueira ou de fábula para dormir. Papai ou mamãe podem não ter uma voz agradável, mas o filho vai acompanhar e curtir a história de *Cachinhos Dourados e os três ursos*, muito embora ela seja previsível e ele já a tenha ouvido antes.

A trama absorve a plateia e pode fazer isso independentemente de seu poder de surpreender.

Uma experiência teatral precisa de um texto, o texto precisa de um enredo, e a plateia vai prestar atenção mesmo que a peça seja mal interpretada. Sabemos que o público pode verdadeiramente se divertir com o fato de que seja essencialmente uma história humana e, como seres humanos, os espectadores têm direito a isso, independentemente do quão bem interpretada seja a peça. Uma experiência teatral precisa de um texto. E precisa de atores para interpretá-lo. Esses atores podem ser uniformemente bons ou ruins, ou as habilidades de cada um podem variar.

Contudo, é possível desfrutar da peça independentemente do mérito dos atores. (Se a peça estiver fluindo bem e estivermos nos perguntando o que vai acontecer em seguida, perdoaremos a falta de habilidade de determinado ator em qualquer uma das cenas.)

Podemos refletir que, quando dizemos que o ator estava brilhante na terceira cena, isso implica que ele não estava brilhante nas cenas não mencionadas — talvez ele tenha estado meramente bom. Mas a questão é que vamos aceitar a irregularidade de uma atuação e, apesar disso, nos divertir, pois compreendemos que a peça não pode ser executada sem o ator.

Precisamos de um texto e de atores.

Do que mais precisamos?

Cenários e figurinos? Na verdade, não.

Uma boa peça pode ser encenada não apenas num palco vazio como também no rádio. Esse é o teste de uma boa peça. Nós conseguimos acompanhá-la independentemente dos truques visuais? Pois ainda que um cenário raramente (mas idealmente) possa aumentar o desfrute do público em relação ao que ele teria caso a peça fosse encenada sem cenários, isso é uma exceção.

A maioria dos cenários existe para ilustrar alguma ideia do cenógrafo ou do diretor cuja ausência não diminuiria o deleite do público. O teste de um bom cenário é: ele é melhor do que o palco nu? O mesmo se aplica aos figurinos: eles são melhores do que as roupas do dia a dia? A resposta — teoricamente, idealmente — é sim, mas na realidade em geral é não. Mesmo assim, o público é capaz de desfrutar de um espetáculo que fracasse em ambos os testes. (A exceção é o cenário que faz truques, se desintegra ou se transforma de algum modo interessante. Qualquer cenário que nos faça dizer "ohhh" está arruinando a peça.)

Voltando: o diretor é necessário?

Não.

Como sabemos? Primeiro, todos os profissionais já passaram pela experiência de encenar uma peça sem diretor — nas improvisações de férias, nas aulas de teatro etc. E o resultado, a maioria das pessoas concordaria, em geral não foi de modo algum inferior ao de uma peça com diretor.

Segundo, todos os profissionais tiveram (infelizmente, com frequência) a experiência de passar pelo processo de ensaio, não direi dirigido, mas moderado por alguém que não fazia a menor ideia do que estava fazendo. E a peça mesmo assim engrenou.

(Um imigrante europeu chegou de navio aos Estados Unidos quando criança. Ficou diante da amurada segurando-a, e, quando o navio subia e descia, ele empurrava o corpo para cima ou para baixo. Depois de algum tempo, passou a ter a sensação agradável de que seus esforços sobre a amurada é que estavam causando o sobe e desce do navio. É a mesma coisa com a maioria dos diretores.)

O que, na nossa experiência, faz a maioria dos diretores nos ensaios? Eles entram no modo acadêmico ou no modo totalitário. O modo acadêmico é o seguinte: transformar-se em um professor que ensina sobre a época e os temas da peça.

Como isso orienta ou pode orientar a interpretação de um ator? Não pode. Pode apenas iludi-lo, levando-o a pensar que as três semanas que ele vai passar conversando irão ajudá-lo. O que acontece à medida que se aproxima o momento de apresentar a peça para o público? Um: gritos. Dois: o salve-se quem puder, ou seja, o cada um por si.

O segundo modo é o totalitário.

Nós herdamos dos soviéticos e de seus países-satélite a concepção totalitária de teatro (por exemplo, Brecht). Ou seja: o teatro existe não para divertir o público (seja tragédia, drama, comédia ou farsa) com o desenrolar de uma trama, e sim para ensinar ou reforçar verdades universais pouco enfatizadas. Essas verdades geralmente se baseiam na suposição intelectual de que um conjunto de seres humanos é bom e o outro mau: os trabalhadores são bons, os capitalistas, maus; as mulheres são boas, os homens, maus; os angustiados, bons, os sadios, maus; os gays, bons, os héteros, maus.

Por favor, note que, caso o paradigma se invertesse (os héteros são bons, os gays são maus), a monstruosidade dessa proposição seria revelada.

Essa noção intelectual de aperfeiçoamento da humanidade é o oposto do *show biz*. Não pode florescer no mercado livre, que é a essência das trocas humanas, no qual uma plateia concorda em pagar pela experiência do entretenimento; pode florescer apenas onde se oferece isso ao público em substituição ao entretenimento, por meio da martelação ideológica ou da culpa.

Por que uma pessoa sã faria, e qualquer pessoa egoísta aceitaria, tal oferta? Por falta de coisa melhor.

As sociedades totalitárias do Oriente e a era soviética usavam o teatro como ferramenta de controle do pensamento. Como esses programas — o comunismo, o socialismo e, por que não, o fascismo — não conseguiam sustentar a análise racional, a partir dos anos 1920 os teatros estatais passaram a oferecer, essencialmente, *happenings* e *son et lumières* aos quais o público era convidado a atribuir significado. Observe o espetáculo dos esclarecidos correndo pelo Central Park embrulhando as árvores com plástico e chamando a isso de "arte", colaboradores e colegas de Christo — o *reductio ad absurdam* do teatro construtivista.

Uma ramificação foi a suposta oposição dos bravos diretores à noção burguesa de "peça de teatro" e sua coragem em convidar uma plateia desqualificada a intuir ideias antigovernistas numa dança vazia.*

---

*A plateia foi e vai embora desses espetáculos de cunho propagandista incomodada e acreditando que a causa de seu incômodo é a recém-encontrada consciência da injustiça social. Na verdade, ela está (corretamente) incomodada porque acabou de ser vítima de uma manipulação.

Tais apresentações construtivistas pró-governo e antigoverno, contudo, são igualmente ferramentas do totalitarismo, pois rejeitam a primazia do texto. Ou seja, elas não podem nem vão afirmar de modo sucinto as ideias contidas na apresentação, pois fazê-lo revelaria que as ideias são frágeis, ilusórias, ou repugnantes para a plateia. Nesses teatros — no exterior e, tristemente, aqui também — o diretor se tornou fundamental (mais uma vez Brecht, Richard Foreman, Livio Ciuli, Andrei Serban), pois agora era ele, e não o autor, que conferia significado à peça. E, como esses diretores eram incapazes de escrever, rejeitavam o texto dramático tradicional chamando-o de mecanicista (o termo stalinista para "compreensível").

A eles restava a manipulação dos elementos plásticos: cenário, iluminação e massas de atores.

Eles conseguiam fazer isso porque eram custeados pelo Estado e dispunham, conforme escreveu Paul Johnson em *Os intelectuais*, de amplas verbas (não disponíveis para os teatros do livre mercado no Ocidente) para ensaiar indefinidamente, empregar sem olhar os custos e por aí vai.

Essa noção do diretor como algo de primeira importância chegou ao Ocidente de duas maneiras. A mais benigna foi a ambientação da peça. Aqui, a partir dos anos 1950, vimos derramarem elogios para o ousado *insight* de que *Hamlet* não precisa se passar na Dinamarca, mas pode muito bem se passar em Indiana.

De fato, a maioria dos diretores no Ocidente até hoje é julgada e talvez aplaudida pelos críticos com base em onde e como eles ambientaram a peça. O que isso quer dizer? Que as pessoas são iguais em todos os lugares? Certo. Mas isso é digno de crédito? Eu acho que não.

Que existem similaridades entre Indiana e Elsinore? Mais uma vez, sim. Mas o que ambas são?

Observe que o diretor participa do totalitarismo permitindo que nós infiramos um significado que não está presente nem é articulável. Pois na verdade *Hamlet* não ocorreu em Elsinore. Ocorreu, tanto naquela época quanto hoje, em cima de um palco. Pois o que sabemos nós de Elsinore? Nada. O nome não passa de uma convenção.

A impertinência diretorial mais benigna é: "Onde você está ambientando?" (De modo semelhante: vamos fazer com que alguns dos papéis masculinos sejam interpretados por mulheres e vice-versa. Certo, e daí?) (Uma definição cômoda para arte moderna, em oposição à Arte é: qualquer espetáculo que não seja de modo algum superior à mera enumeração das ideias nele contidas.)

Dentre as depredações diretoriais, a mais imediatamente perniciosa de todas é denegrir o texto, ou seja, afirmar que ele não tem nenhum significado, ou, no máximo, só tem o sentido que o diretor desejar imbuir nele.

Stanislavski disse: "Qualquer diretor que precise fazer algo de interessante com o texto não entende o texto." Hoje o problema é pior: não que o diretor seja ignorante da troca teatral, mas que ele de fato a rejeite em favor de um bem maior — a *ultima ratio* do liberalismo.

Então vimos que o diretor pode não fazer nada, ou então que pode fazer mal. Pode o diretor fazer algum bem? Sim.

Todos nós já assistimos a espetáculos bem dirigidos e talvez até tenhamos participado deles. O que significa quando dizemos que foram bem dirigidos? (Observe que, em geral, este é um segundo pensamento, depois de: "Deus do céu, como eu gostei disso." Por quê?) Provavelmente queremos dizer que a peça era clara, em geral com ritmo ágil, bem montada e bem falada. Ponto.

Quando saímos da peça dizendo como eram espetaculares o cenário ou o figurino, ou como as ideias eram interessantes, isso significa que não nos divertimos.

O diretor não é primordial no teatro. Seu trabalho poderia, na verdade, ser dispensado.

O que ele poderia fazer para tornar a peça mais agradável para a plateia? Poderia ajudar os atores a entenderem mecanicamente, cena a cena, o que os personagens realmente querem; e poderia posicioná-los e movimentá-los de modo a tornar essas relações mais claras para o público.

E é só. Se de vez em quando ele encontra um brilhante cenógrafo/iluminador/figurinista ou trabalha com um, isto é, com alguém cujo trabalho torna a peça mais compreensível e mais desfrutável para a plateia do que se estivesse ausente, ele é de fato um diretor de sorte.

Aprender a interpretar é, essencialmente, aprender a se autodirigir. É aprender a perguntar: "Sobre o que é essa cena?" E responder essa pergunta tecnicamente e de tal forma que seja possível atuar dessa maneira. (1) O que o personagem está fazendo? (2) O que isso significa na cena? E o simples lembrete (3) O que isso parece para mim?

Aprender a interpretar é aprender a dirigir, a se dedicar exclusivamente a essas perguntas simples — a treinar a si mesmo para rejeitar as deliciosas possibilidades de discussão do personagem e do tema (essas questões reencapsulam as do mau diretor).

"Liquidar o assunto" é a tarefa do ator e do diretor. O "assunto" nesse caso é apresentar a peça do modo mais claro possível para as pessoas que lhe fizeram o elogio de supor que você poderia entretê-las.

DIRIGIR PARA TEATRO

Cresci lendo uma porção de obras teóricas sobre encenação e dramaturgia teatral. Devorei tudo o que havia sido escrito por e sobre Constantin Stanislavski. Li com sofreguidão os livros de seus protegidos Vakhtangov e Meyerhold, e mais tarde de seus alunos e devotos.

Os livros sobre direção escritos por Tovstonogov, Nemirovich-Dachenko e os demais dos Vermelhos me faziam ficar estudando até altas horas, assentindo em grata apreciação e fazendo anotações nas margens das páginas. Li os textos teóricos de Brecht sobre o efeito de alienação, os de Robert Lewis e um grande número de americanos sobre a implementação correta do sistema de Stanislavski, o Teatro da Crueldade de Artaud, *Em busca de um teatro pobre*, de Grotowski e blá-blá-blá.

Levei muitos anos como diretor para reconhecer que não só eu não tinha a menor ideia do que essas pessoas estavam falando como também que, provavelmente, elas também não.

A trilogia de Stanislavski é um monte de nhaca inútil. A falação de Brecht sobre o efeito de alienação, conforme foi provado por boa parte das obras de Joe Papp nos anos 1970, é impossível de ser implementada.

Então vamos começar de novo.

O que, raciocinei eu, esses camaradas têm em comum? Foram todos diretores bem-sucedidos. O que isso significa? Que tinham a capacidade de encenar uma peça de modo tal que as interpretações dos atores e a natureza da ambientação transmitiam o significado da obra a uma plateia suficientemente agradecida para voltar de novo.

Quando jovem dramaturgo, vi vários diretores movimentando numa maquete de papelão do cenário pequenos recortes também de papelão que representavam os atores. Isso me pareceu uma ótima ideia e, quando comecei a dirigir, tentei fazer o mesmo. Mas, quando não consegui me concentrar nessa tarefa, me castiguei pelo que considerei então ser falta de disciplina. Porém, depois de cerca de quarenta anos de experiência, aqui vai o que eu acho: o bom diretor (e preciso incluir todos os nomes mencionados antes, pois, embora eu jamais tenha assistido a nenhuma de suas montagens, as plateias que o fizeram apreciaram o trabalho deles por tempo suficiente para permitir que eles transformassem seu tempo livre em fundamentos de teoria) tem a capacidade de reconhecer e melhorar as relações espaciais entre os atores de modo a maximizar, a cada compasso, o potencial da peça diante do público.

O que isso quer dizer? Existe uma aura verdadeira e brilhante, ou algo do gênero, entre dois atores no palco, quando cada qual deseja algo do outro. Podemos sentir se um deles está focado, se é talentoso, ou experiente. "Ah, que besteirada", você pode sugerir, mas isso talvez seja apenas fruto da sua lembrança de uma luta. Nela estamos bastante cientes de que a relação física entre os lutadores, depois que iniciam a disputa, conta uma história bastante interessante: a distância que eles estão um do outro, quem está rodeando quem, se estão usando os ângulos para escapar, para acalmar, para preparar, para descansar etc.

Os atores no palco, da mesma maneira, empregarão sua relação espacial para conquistar seus objetivos (para obter o que desejam um do outro). Veja bem: a maioria dos diretores posiciona os atores, compasso a compasso, cena a cena, de acordo com alguma noção pictorial (ou seja, de forma a parecerem belos) ou ainda de acordo com um padrão lógico e predetermidado, talvez trabalhado com recortes de papelão.

Mas não, não, não. Os atores devem se posicionar e se movimentar de modo a alcançarem seus objetivos cena a cena (tal como os boxeadores).* Ao fazer isso, a compreensão inconsciente da peça pela plateia, e portanto seu deleite, aumenta. É por isso que a maioria das peças é mais bem compreendida quando não tem diretor.

---

*Os atores precisam desejar algo *um do outro*. A natureza desse desejo pode ser mais bem compreendida pelo diretor que assiste à interação de seres humanos de verdade — não pode ser aprendida observando peças de papelão.

Jogue uns atores numa montagem de férias de verão e diga a eles para aprenderem as falas como se a peça fosse ser apresentada dali a duas noites, e a autodireção natural deles será superior à maioria das peças que foram agraciadas com os serviços de um diretor. (O mesmo, claro, vale para os figurantes num set de cinema. Se observamos os pequenos grupos que eles formam espontaneamente enquanto aguardam que tudo esteja preparado para rodar, observamos uma cena em grupo mais natural e interessante do que a maioria daquelas produzidas. Por quê? Porque os figurantes, antes de a câmera ser ligada, organizam-se em grupos e posições com os quais esperam obter simples necessidades humanas: fofoca, proteção, companheirismo, abrigo, informações etc.)

Então isso é uma das coisas que sei sobre direção: dar forma à peça não é algo irrelevante, mas sim a essência da coisa toda. Os personagens da peça — os atores no palco — deveriam na verdade usar seus corpos para obter o que desejam, da mesma maneira como todo mundo faz fora do palco.

Os diretores mais velhos, isto é, os diretores que aprenderam a dirigir na frente do público, entendiam isso. Eu explico como sei que é verdade.

Poucos diretores que vêm da televisão ou do cinema, ou que nasceram de um golpe da cabeça de Zeus, sabem que os atores sabem se movimentar. Os diretores de teatro contemporâneos criados no cinema ou na televisão vão, quase invariavelmente, posicionar os antagonistas de frente um para o outro, num plano paralelo, ao fundo do palco. Isso significa que a maior parte da plateia não será capaz de ver o rosto dos atores. (Ver diagrama 1.)

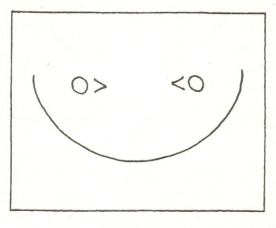

DIAGRAMA 1

Os diretores de antigamente não faziam nada semelhante, pois compreendiam que o arroz em sua tigela dependia tanto de a audiência ser capaz de *ver* os atores quanto de *escutá-los*. As palavras ditas numa paralela ao palco se perdem no espaço e não serão ouvidas no fundo do auditório. Para que as palavras dos atores cheguem até a última fileira da plateia, o ator precisa estar com o corpo voltado para fora.

Certo, agora temos o ator voltado para fora, como no diagrama 2.

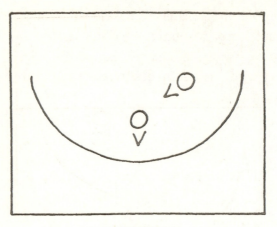

DIAGRAMA 2

O ator situado na frente do palco está falando com o ator abaixo dele. Vemos o rosto do ator no fundo do palco falando e o da atriz na boca de cena pensando, tramando ou seja lá o que ela esteja planejando.

O público agora está fazendo valer o preço de seu ingresso. Mas espere aí, os atores não podem ficar nessa relação espacial para sempre, não é? Não. A atriz na boca de cena, "pensando" ou "escutando", finalmente decide o que vai fazer e se movimenta para conseguir (apanhar o revólver, ir embora de casa). Seja lá o que decidiu fazer, ela começa a se movimentar. O ator no fundo do palco diz sua fala imortal: "Para onde você está indo?" ou seja lá o quê, e a atriz que antes estava na boca de cena agora passa para o fundo do palco e se vira para dar a resposta. "Decidi virar enfermeira." (Ver diagrama 3.)

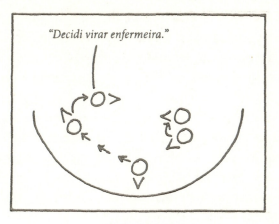

"Decidi virar enfermeira."

DIAGRAMA 3

Observamos que o movimento "natural", do pensamento para a ação e para a explicação, coloca a aspirante a enfermeira no fundo do palco, conversando com o outro ator, isto é, apanhando a deixa dele. O equilíbrio de poder se modifica. Ah.

Isso é dar forma à cena. E é o que o diretor deveria fazer. Além disso, ele deveria esclarecer as ações se os atores precisarem de ajuda. (A aspirante a enfermeira está (a) terminando um relacionamento ruim? (b) dando o primeiro passo em direção a um objetivo almejado? (c) dando o fora de Dodge?*)

---

*"Get out of Dodge" (dar o fora de Dodge) faz referência a Dodge City, Kansas, uma locação muito comum para filmes de faroeste do início a meados do século XX. A frase ficou famosa graças à série de televisão *Gunsmoke*, em que os vilões eram sempre incitados a "darem o fora de Dodge", e assumiu seu significado corrente nos anos 1960 e 1970, quando os adolescentes começaram a usá-la dessa forma. (*N. da T.*)

E isso é o que eu sei sobre direção. Acredito que a maior parte da teoria foi destruída em mim depois de décadas de trabalho com atores e plateias, que são os dois únicos grupos com os quais se pode aprender a dirigir para teatro.

Por fim, acredito que dirigir é basicamente igual a escrever para teatro: é contar uma história. Na escrita são usadas palavras. Na direção são usadas pessoas, que por sua vez usam palavras. Mas, ah, minha nossa, já não se disse que o dramaturgo talvez não seja o melhor intérprete de suas próprias obras?

Provavelmente já, assim como já se disse a maioria das coisas a dizer.

Mas, como diretor, não estou interpretando minha obra. Estou simplesmente encenando-a. Mais uma vez, nas palavras de Stanislavski: "Qualquer diretor que precise fazer algo de interessante com o texto não entende o texto."

TEMPO

O grande mistério no teatro e na dança é o tempo. As artes plásticas existem e podem ser contempladas por quanto tempo se desejar. É possível da mesma maneira ter uma impressão com um olhar momentâneo.

Mas o teatro e a dança não têm nenhum outro significado além daquele que se revela com o tempo.

Ao contrário da pintura e da escultura, essas duas artes sugerem, levantam e destroem expectativas, e ao fim chegam a uma resolução. Quando esteticamente agradáveis, é devido a sua capacidade de chegar a uma resolução de modo ao mesmo tempo surpreendente e inevitável, conforme ensinou Aristóteles.

São uma exploração, uma alusão e uma crítica do nosso processo de racionalização.

Aos atores, como à plateia, só se pode dizer um tanto.

Ambos suspenderam a racionalidade em favor da experimentação e da aventura. O diretor deve dizer muito pouco ao ator, e esse pouco deve poder ser utilizado na interpretação ("cruze o palco até aqui e pare" é uma orientação exequível; "torne-se mais introspectivo", não).

Quando os olhos do ator se iluminam, quando ele assente ou apresenta qualquer reação física à direção, é hora de o diretor calar a boca; o ator está indicando que deseja *atuar*. Qualquer informação depois desse ponto irá convencê-lo do contrário. Existe apenas determinada quantidade de informações que o ator é capaz de assimilar no curso de um dia, portanto o diretor precisa segurar a língua e monitorar rigorosamente seu próprio desejo de se expressar; pois, quando o ator se dispersa, o ensaio já era.

A atenção da plateia, de modo similar, é limitada. Manifestar uma fala, uma cena, ou um ato a mais do que a plateia pode acompanhar a forçará a usar a razão. (Numa brincadeira, as crianças que explicam as regras irão naturalmente dizê-las de modo simples, pois seu objetivo é contar aos que estão chegando apenas o suficiente para permitir que todos — os antigos jogadores e os recém-chegados — continuem brincando. E se divirtam. Se a breve explicação da brincadeira no pátio da escola se tornar os Acordos de Paz de Paris, então a brincadeira não vale mais a pena.)

(Minha família se sentou para jogar um jogo de tabuleiro. Abrimos a embalagem e lemos as regras. Elas pareciam difíceis e intermináveis. Então minha esposa lembrou que havia jogado esse jogo quando criança e nos disse, em duas frases, as regras lógicas e claras que nos permitiriam jogar.)

O dramaturgo e o diretor estão, para a plateia, na mesma posição que o líder de uma brincadeira nova.

Nosso objetivo deve ser dizer o mais simples e rapidamente possível apenas as regras que permitirão que ela participe.

Qual é o propósito das regras? Equilibrar a dificuldade com a ambição, a fim de permitir que a necessidade dramática entre em ação. O teatro aqui se torna equivalente ao pátio da escola: as regras em ambos são feitas para permitir que haja dramaticidade.

As crianças no pátio têm uma quantidade limitada de atenção. Elas se reuniram com a promessa de aventura e só irão ouvir as regras desde que percebam que isso as ajudará a conquistar seu objetivo.

De modo parecido, o enredo é uma breve explicação das regras do jogo, com tamanha concisão e integridade que se um único elemento for retirado a peça se tornará incompreensível.

O mistério do teatro é o tempo: como usar o tempo, como explorar a percepção humana do tempo e sua ordenação em causas e efeitos. Rejeitar esse fardo intolerável, nossa especialidade como seres humanos, é o objetivo do místico religioso, do iogue, do amante e do viciado em drogas: habitar um mundo onde não haja o tempo, a fim de alcançar o não ser.

Examinar e reconhecer essa necessidade e confessar sua trágica impossibilidade é o assunto de todo drama.

AGRADECIMENTOS

Devo muitíssimo às obras de Thomas Sowell, Paul Johnson, Frederich Hayek e Milton Friedman, bem como às de Richard Wright e Eric Hoffer.

O texto deste livro foi composto em
Minion Pro Regular, corpo 11,5/15.

A impressão se deu sobre papel off-white
pelo Sistema Cameron da Divisão Gráfica
da Distribuidora Record.